Projeto instrucional para ambientes virtuais

Dados Internacionais de Catalogação na Publicação (CIP)
(Câmara Brasileira do Livro, SP, Brasil)

Munhoz, Antonio Siemsen
   Projeto instrucional para ambientes virtuais/Antonio Siemsen Munhoz. – São Paulo: Cengage Learning, 2022.

1. reimpr. da 1. ed. de 2017.
Bibliografia
ISBN 978-85-221-2510-4

1. Educação - Recursos de rede de computador 2. Ensino a distância 3. Ensino auxiliado por computador 4. Internet na educação 5. Pedagogia 6. Prática de ensino I. Título.

16-00550   CDU-371.334

Índices para catálogo sistemático:

1. Ambientes virtuais: Tecnologia: Educação   371.334

Projeto instrucional para ambientes virtuais

Antonio Siemsen Munhoz

Austrália   Brasil   Japão   Coreia   México   Cingapura   Espanha   Reino Unido   Estados Unidos

Projeto instrucional para ambientes virtuais
Antonio Siemsen Munhoz

Gerente editorial: Noelma Brocanelli

Editora de desenvolvimento: Regina Helena Madureira Plascak

Supervisora de produção editorial: Fabiana Alencar Albuquerque

Editora de aquisições: Guacira Simonelli

Especialista em direitos autorais: Jenis Oh

Assistência editorial: Joelma Andrade

Copidesque: Tatiana Tanaka

Revisão: Beatriz Simões Araújo e Norma Gusukuma

Diagramação: Alfredo Carracedo Castillo

Pesquisa iconográfica: ABMM Pesquisa Iconográfica

Capa: BuonoDisegno

Imagem da capa: kosecki/shutterstock

© 2017 Cengage Learning Edições Ltda.

Todos os direitos reservados. Nenhuma parte deste livro poderá ser reproduzida, sejam quais forem os meios empregados, sem a permissão, por escrito, da Editora. Aos infratores aplicam-se as sanções previstas nos artigos 102, 104, 106 e 107 da Lei nº 9.610, de 19 de fevereiro de 1998.

Esta Editora empenhou-se em contatar os responsáveis pelos direitos autorais de todas as imagens e de outros materiais utilizados neste livro. Se porventura for constatada a omissão involuntária na identificação de algum deles, dispomo-nos a efetuar, futuramente, os possíveis acertos.

A Editora não se responsabiliza pelo funcionamento dos links contidos neste livro que possam estar suspensos.

Para informações sobre nossos produtos, entre em contato pelo telefone **0800 11 19 39**.

Para permissão de uso de material desta obra, envie pedido para **direitosautorais@cengage.com**

© 2016 Cengage Learning.
Todos os direitos reservados.

ISBN 13: 978-85-221-2510-4
ISBN 10: 85-221-2510-4

Cengage Learning
Condomínio E-Business Park
Rua Werner Siemens, 111
Prédio 11 – Torre A – Conjunto 12
Lapa de Baixo – CEP 05069-900
São Paulo-SP
Tel.: (11) 3665-9900
Fax: (11) 3665-9901
SAC: 0800 11 19 39

Para suas soluções de curso e aprendizado, visite **www.cengage.com.br**

Impresso no Brasil.
Printed in Brazil.
1 reimpressão de 2022

Sumário

Prefácio 13
Apresentação 15

1 ETAPAS NO PROJETO DE UM CURSO 19
PDI – Plano de Desenvolvimento Institucional 19
O PE – Projeto Educacional 20
O PPP – Projeto Político Pedagógico 20
O PI – Projeto Instrucional 21
Complementos (diagramação, roteirização, interface gráfica) 21
Conclusões 21
Glossário 22
Saiba mais 24
Questão de revisão 24

2 CARACTERÍSTICAS DE UM PI 25
Quem é o candidato? 25
A que um PI deve responder? 26
A figura do projetista instrucional 27
Glossário 29
Saiba mais 29
Questões de revisão 29

3 FORMAS DE DESENVOLVER UM PI 31
Projetar baseado em como os alunos aprendem 31
Projetar baseado em como os professores ensinam 32
Glossário 34
Saiba mais 36
Questões de revisão 36

4 A UTILIZAÇÃO DE MAPAS MENTAIS..37
    Organizadores gráficos..37
    Mapas mentais..39
    Glossário..42
    Saiba mais...43
    Questões de revisão..43

5 MEMÓRIA, CÉREBRO E APRENDIZAGEM..45
    Estudos sobre o cérebro...45
    Orientações ao projetista...46
    Glossário..47
    Saiba mais...49
    Questões de revisão..49

6 SENSO CRÍTICO, INOVAÇÃO, INICIATIVA E CRIATIVIDADE............................51
    Senso crítico..51
    A inovação...51
    A criatividade..52
    A iniciativa...52
    Glossário..52
    Saiba mais...53
    Questões de revisão..53

7 LEITURA, INTERPRETAÇÃO DE TEXTO E ESCRITA..55
    O analfabetismo funcional...55
    As orientações no projeto..56
    Glossário..57
    Saiba mais...58
    Questões de revisão..59

8 O PENSAMENTO DE ORDEM SUPERIOR..61
    A conceituação...61
    O que fazer no projeto instrucional...62

Glossário 64
Saiba mais 65
Questões de revisão 65

9 AS FORMAS DE APRENDER 67

Aprender a conhecer 67
Aprender a fazer 68
Aprender a viver juntos 68
Aprender a ser 68
Aprender a aprender 69
Aprender pela pesquisa 70
Aprender pelo erro 70
Aprender fazendo 71
Aplicação no projeto instrucional 72
Glossário 72
Saiba mais 73
Questões de revisão 73

10 OS AMBIENTES DE APRENDIZAGEM 75

O ambiente centrado no professor 75
O ambiente centrado no aluno 76
O ambiente centrado nos materiais 76
O ambiente centrado na tecnologia 77
O ambiente centrado na interação e participação 77
O ambiente centrado no conhecimento 78
O ambiente centrado em processo de avaliação 79
O ambiente centrado em comunidades de aprendizagem 80
Os ambientes integrados 82
Classificações complementares 82
Recomendações 82
Glossário 83
Saiba mais 87
Questões de revisão 87

11 A TECNOLOGIA EDUCACIONAL 89
A tecnologia 89
A tecnologia educacional 89
Glossário 90
Saiba mais 92
Questões de revisão 92

12 OS AMBIENTES DE OFERTA POSSÍVEIS 93
Ambiente enriquecido com a tecnologia 93
O ambiente presencial 94
Educação a distância 95
A presença conectada 95
B-learning 96
E-learning 97
M-learning 97
U-learning 98
O tratamento no projeto instrucional 99
Glossário 100
Saiba mais 102
Questões de revisão 102

13 O AMBIENTE VIRTUAL DE APRENDIZAGEM 103
AVA: conceituação 103
Ação do projetista 105
Glossário 105
Saiba mais 107
Questões de revisão 107

14 OS SISTEMAS DE GERENCIAMENTO DE CONTEÚDO E APRENDIZAGEM 109
Os sistemas de gerenciamento de conteúdo e aprendizagem (SGCAs) ... 109
Componentes de um SGCA 109
O papel do projetista no SGCA 110

Glossário 111
Saiba mais 112
Questões de revisão 112

15 A UTILIZAÇÃO DE OBJETOS DE APRENDIZAGEM 113
Conceituação dos objetos de aprendizagem (OAs) 113
Glossário 114
Saiba mais 115
Questões de revisão 115

16 A UTILIZAÇÃO DAS MÍDIAS SOCIAIS 117
A rede social em educação 117
Checklist a ser utilizado no desenvolvimento do PI 118
Glossário 118
Saiba mais 119
Questões de revisão 119

17 ANDRAGOGIA, A APRENDIZAGEM DE JOVENS E ADULTOS 121
Conceituação 121
Glossário 123
Saiba mais 123
Questões de revisão 124

18 TEORIAS DE APRENDIZAGEM E O CONECTIVISMO 125
Surgimento do conectivismo 125
Gerações de teorias 126
Glossário 127
Saiba mais 128
Questões de revisão 128

19 A APRENDIZAGEM BASEADA EM PROBLEMAS 129
Procedimentos iniciais: a problematização 129
A proposta da aprendizagem baseada em problemas 130

Glossário 131
Saiba mais 131
Questões de revisão 131

20 O CONCEITO DAS SALAS DE AULA INVERTIDAS 133
A lógica da inversão da sala de aula 134
Glossário 135
Saiba mais 135
Questões de revisão 136

21 A PROPOSTA DA GAMIFICAÇÃO 137
Jogos em educação 137
A proposta de gamificação 138
Glossário 141
Saiba mais 142
Questões de revisão 142

22 O *COACHING* EDUCACIONAL 143
O *coaching* educacional para o professor 143
Coaching educacional para o aluno 144
Glossário 145
Saiba mais 145
Questões de revisão 146

23 AS FORMAS DE APRENDIZAGEM 147
As formas com as quais o ser humano aprende 147
Glossário 148
Saiba mais 149
Questão de revisão 149

24 O CONHECIMENTO DAS INTELIGÊNCIAS 151
As inteligências 151
Glossário 152

Saiba mais 152
Questão de revisão 152

25 TENDÊNCIAS PARA O DESENVOLVIMENTO DO PROJETO INSTRUCIONAL 153
Evolução da neurociência 153
Evolução dos locais de trabalho 154
Captação e armazenamento de informações 154
A personalização ganha seu lugar ao sol 155
Glossário 155
Saiba mais 156
Questões de revisão 157

26 UMA PROPOSTA DE TRABALHO 159
Início dos trabalhos 159
A proposta ID 2 160
Glossário 162
Saiba mais 163
Questões de revisão 163

27 PI – PRIMEIRA FASE 165
ADDIE – a fase de análise 165
Glossário 169
Saiba mais 170
Questões de revisão 170

28 PI – SEGUNDA FASE 171
ADDIE – a fase de projeto 171
Glossário 176
Saiba mais 177
Questões de revisão 177

29 PI – TERCEIRA FASE 179
    ADDIE – a fase de desenvolvimento 179
    Glossário 187
    Para saber mais 189
    Questões de revisão 189

30 PI – QUARTA FASE 191
    ADDIE – a fase de implantação 191
    Glossário 194
    Saiba mais 195
    Questões de revisão 195

31 PI – QUINTA FASE 197
    ADDIE – a fase de avaliação 197
    Glossário 201
    Saiba mais 201
    Questões de revisão 202

32 COLOCANDO TUDO JUNTO 203

Referências bibliográficas 209

Prefácio

Este material destina-se a orientar docentes ou qualquer pessoa interessada no desenvolvimento de projetos de cursos oferecidos em ambientes enriquecidos com a tecnologia, sejam eles em abordagem presencial, semipresencial ou não presencial. A inserção da mediação tecnológica e a chegada da geração digital aos bancos das universidades adicionam um alto grau de complexidade aos ambientes de ensino e aprendizagem. Novas formas de comunicação são estabelecidas entre todos os agentes educacionais envolvidos.

Nos ambientes tradicionais de ensino e aprendizagem, o desenvolvimento de projetos de cursos enfrentava um contexto diferente, não mutável nem cercado de tantas incertezas. O desenvolvimento envolvia menos etapas e menor complexidade. Uma nova figura insere-se nesse contexto: os projetos instrucionais.

Este material apresenta uma série de técnicas e práticas empíricas que são recomendadas para que uma interação mais próxima e consistente entre os agentes educacionais possa trazer, como consequência, maior qualidade ao processo de ensino e aprendizagem como um todo.

A linguagem utilizada é empática e o texto dialoga de forma constante com o leitor. Existem quatro diferentes momentos de interação entre o leitor e o texto:

- △ em um primeiro momento, termos complexos, que fazem parte do jargão da área, são assinalados em destaque e compõem, ao final de cada capítulo, um glossário de termos que enriquecem o vocabulário nesta área de conhecimento;
- △ durante o transcorrer do texto, em diversas ocasiões, o leitor será convidado a desenvolver atividades, como pesquisas, leituras, estudos complementares, que serão sugeridas como forma de aprofundamento dos conteúdos tratados. Essas atividades não são obrigatórias, a menos que o material esteja sendo utilizado como texto-base em algum curso. Em ambos os casos, o leitor, se desejar uma devolutiva,

poderá conversar diretamente com o autor no endereço de e-mail: antsmun@outlook.com, cuja finalidade é a de formar uma comunidade de pessoas interessadas nos temas tratados;

△ em um terceiro momento, ao final do capítulo, serão apresentadas fontes de consulta a materiais, a fim de que o leitor "aprenda mais" sobre o conteúdo tratado no capítulo. Aqui valem as mesmas considerações do item anterior desta lista;

△ em um quarto momento, serão propostas ao leitor perguntas ou situações-problema que devem ser respondidas de forma dissertativa. Valem as mesmas observações feitas no item referente às atividades.

Desejamos a todos os leitores um bom aproveitamento sobre os temas aqui tratados.

Antonio Siemsen Munhoz

Apresentação

 livro está dividido em 32 capítulos e cada um pode ser lido de forma independente. A seguir, teremos a descrição do material de estudo de cada um dos capítulos.

O Capítulo 1 situa o projeto no interior do planejamento institucional de uma instituição de ensino superior (IES), o contexto de análise deste material. O processo é comparado com outros projetos – como eles são desenvolvidos em ambientes tradicionais –, o que dá a medida exata da importância do projeto instrucional.

O Capítulo 2 apresenta as características básicas de um projeto instrucional e como elas serão referenciadas durante o desenvolvimento de todos os demais capítulos.

O Capítulo 3 dá continuidade à proposta de efetuar um comparativo do PI (projeto instrucional) com outras situações.

O Capítulo 4 dá uma quebra na sequência para destacar a importância da apresentação dos momentos de criatividade da equipe que compõe o projeto instrucional no formato gráfico, o que facilita a captação e compreensão da ideia por pessoas não diretamente ligadas aos projetos instrucionais.

O Capítulo 5 trabalha as questões e estudos que associam novas descobertas ligadas ao relacionamento entre memória, cérebro e aprendizagem e como elas influenciam na forma como o ser humano aprende.

O Capítulo 6 apresenta um suporte ao desenvolvimento das atividades sob as quais se coloca a responsabilidade pela manifestação do senso crítico, que trazem consigo a inovação, a iniciativa e a criatividade.

O Capítulo 7 trabalha conceitos importantes e dos quais dependem a compreensão e a capacidade de apresentação de ideias, competências desejadas no profissional moderno.

O Capítulo 8 aprofunda a conceituação da proposta de abertura de novos caminhos para que os estudantes recuperem o prazer de aprender, ao trabalhar formas nobres de desenvolvimento do pensamento.

O Capítulo 9 trabalha com as formas de aprender que orientam o projetista instrucional no desenvolvimento das atividades e na colocação de um elevado grau de flexibilidade.

O Capítulo 10 orienta o projetista sobre a importância de conhecer os tipos de ambiente de aprendizagem, estando a importância do conteúdo diretamente relacionada ao fato de que, em cada um dos ambientes apresentados, as formas de desenvolvimento das atividades são diferenciadas.

O Capítulo 11 traz para o projetista os fundamentos da tecnologia aplicada às atividades de ensino e aprendizagem e destaca a importância da mediação tecnológica, cujo projeto com elevado grau de detalhamento não pode ser esquecido.

O Capítulo 12 trabalha outra conceituação que interfere diretamente na forma como as atividades serão desenvolvidas, o que justifica um conhecimento mais apurado por parte do projetista e da equipe de trabalho.

O Capítulo 13 apresenta os AVAs – ambientes virtuais de aprendizagem, onde serão armazenados todos os conteúdos e atividades e nos quais está o potencial de comunicação do ambiente.

O Capítulo 14 apresenta o detalhamento com que a indústria de software desenvolve os sistemas que controlam todas as atividades acadêmicas.

O Capítulo 15 apresenta os fundamentos do que pode ser considerado como o estado da arte da produção de conteúdo e formatação de materiais em multimídia, como pequenos pedaços de informação, ainda considerados como um conhecimento completo.

O Capítulo 16 detalha um dos conhecimentos mais importantes: a influência que as mídias sociais adquirem no ambiente enriquecido com a tecnologia e onde o aluno busca o apoio de que precisa para desenvolver a aprendizagem ativa.

O Capítulo 17 destaca para o profissional a orientação diferenciada que ele deve dar ao formato das atividades propostas, considerando o ambiente como formado por participantes jovens e adultos, o público-alvo ao qual este material está dirigido.

O Capítulo 18 apresenta outra conceituação das mais importantes, ao esclarecer o que é o conectivismo, cujo conhecimento ganha importância devido ao fato de que ela se torna a teoria de aprendizagem considerada a mais indicada para a geração digital.

O Capítulo 19 apresenta o companheiro ideal para todas as ideias pedagógicas desenvolvidas no ambiente enriquecido com a tecnologia.

O Capítulo 20 trabalha a proposta da sala de aula invertida, que tem se mostrado eficiente quando em conjunto com a aprendizagem baseada em problemas e a efetivação de processos de gamificação.

O Capítulo 21 desenvolve uma das propostas voltadas para captar a atenção do aluno e manter a sua motivação constante, no que os jogos de videogame são especialistas, característica que se quer trazer para o ambiente educacional.

O Capítulo 22 trabalha uma nova perspectiva para alunos e professores nos ambientes enriquecidos com a tecnologia, que trazem consigo um importante conceito responsável pela formação dos profissionais do conhecimento no mercado corporativo.

O Capítulo 23 trabalha as formas de aprendizagem como uma ideia pedagógica altamente funcional em contextos específicos.

O Capítulo 24 ressalta a importância do conhecimento das inteligências ao levar em consideração que elas podem determinar, para grupos ou indivíduos, formas diferenciadas sobre como desenvolver as atividades e dar qualidade ao processo de aprendizagem.

O Capítulo 25 dá início à etapa final do trabalho de pesquisa desenvolvido para a produção deste material, ao analisar o estado da arte do projeto instrucional e as tendências que o mercado pontua para essa tecnologia educacional na próxima década.

O Capítulo 26 traz a proposta de trabalho dos projetos instrucionais, voltada para formar projetistas instrucionais de alta capacidade cognitiva.

Os Capítulos 27 a 31 desenvolvem, de forma independente, mas inter-relacionada, a apresentação de informações das quais o projetista não pode se esquecer em forma de *checklists* sobre cada uma das cinco etapas do projeto instrucional.

O Capítulo 32 coloca tudo o que foi visto em uma tabela e, ainda que possa ser redundante em alguns momentos, apresenta um resumo do que foi estudado em todos os capítulos anteriores.

Durante todo o desenvolvimento, você terá a proposta do método "Saiba mais", cujo acompanhamento deve ser feito pelo leitor.

Se alguma parte do conteúdo não estiver clara, entre em contato com o autor no e-mail que aparece em diferentes trechos deste livro. Uma boa leitura e uma ótima atividade de aprendizagem é o que podemos recomendar a todos.

1 ETAPAS NO PROJETO DE UM CURSO

O projeto tem início quando alguma instituição de ensino superior (IES) resolve incluir o conteúdo como resultado de projeto de início ou ampliação de atividades em seu portfólio educacional. Neste ponto, começa o desenvolvimento de um processo complexo e que tem duas partes distintas:

- Informações gerais:
  - PDI / PPI – Plano de Desenvolvimento Institucional / Projeto Pedagógico Institucional;
  - PE – Projeto Educacional;
  - PPC – Projeto Pedagógico de Curso;
- Informações particulares:
  - PI – projeto instrucional;
  - Projeto de Diagramação, se estão previstos materiais impressos;
  - Projeto de Roteirização, para cursos ofertados no ambiente digital;
  - Projeto da Interface Gráfica do usuário com os conteúdos.

Esta é uma visão completa do projeto de um curso genérico sem levar em conta detalhes particulares.

PDI – Plano de Desenvolvimento Institucional

Em uma visão geral, o curso precisa estar inserido no PDI – Plano de Desenvolvimento Institucional –, que é o documento que determina os objetivos e metas que uma IES tem para sua atuação no contexto acadêmico. É um documento de caráter geral e coletivo que resulta em um PPI – Projeto Pedagógico Institucional. Esse produto determina os elementos de caráter político e filosófico que definem como será formado o profissional egresso da IES.

O PE – Projeto Educacional

Como componente do PDI ou em separado, como preferimos considerar e desenvolver, é definido, ainda de forma geral e ampla, o Projeto Educacional (PE). Ele determina quais as formas de desenvolvimento em que são destacados:

- o tipo de ambiente (por exemplo: ambientes de aprendizagem centrados no aluno);
- a teoria de aprendizagem de sustentação (por exemplo: o conectivismo como suporte para educação da **geração digital**);
- a área educacional de trabalho (por exemplo: **educação formal, educação não formal, educação informal, educação aberta** ou todas elas);
- abordagens (por exemplo: **aprendizagem baseada em problemas, gamificação, salas de aula invertidas** e outras);
- os ambientes (presencial, semipresencial, não presencial ou todos).

O que é definido neste ponto atua como delimitador para o projeto instrucional e deve ser feito de forma rica e detalhada.

O PPP – Projeto Político Pedagógico

Imediatamente após a definição do PE – Projeto Educacional, cuja inexistência não é incomum em muitas IES, segue-se o PPP – Projeto Político e Pedagógico do curso. Neste, é estabelecida a grade curricular de acordo com diretrizes curriculares que, muitas vezes, engessam o processo de ensino e aprendizagem em unidades estanques, que não orientam para o desenvolvimento da utilização de **objetos de aprendizagem**.

Este é o documento no qual, para cada curso, a IES determina, com base em estudos de mercado, os conhecimentos necessários (aqueles que as diretrizes permitem definir) e a organização curricular final. Assim, o curso fica estratificado em suas ementas, bases tecnológicas, bibliografia, mas nada trata de detalhamento de atividades. Em muitos casos, imediatamente após a conclusão desse trabalho, são montados os planos de curso.

Até pouco tempo atrás, o processo parava nessa etapa e o curso tinha início. Muitas IES desenvolvem projetos de cursos para ambientes enriquecidos com a tecnologia dessa maneira e acabam sabendo que essa foi a pior escolha.

O PI – projeto instrucional

A próxima fase entra no detalhamento em que há um projeto para cada unidade didática. É uma atividade que deveria ser efetivada de forma interdisciplinar. E aqui está possivelmente uma das grandes falhas da educação em nosso tempo. Fazenda e Godoy (2014) consideram que muitos dos problemas de inadequação dos currículos devem-se ao fato de que as disciplinas são tratadas isoladamente.

Complementos (diagramação, roteirização, interface gráfica)

Se o projeto envolve a utilização de materiais impressos, um dos passos subsequentes ao projeto instrucional será a diagramação do produto final. Se a IES vai utilizar o ambiente digital, na dependência das características (aprendizagem baseada em problemas, gamificação, sala de aula invertida e outras), será desenvolvido um projeto de roteirização. Haja ou não características especiais, o passo seguinte é o desenvolvimento do projeto da interface gráfica do usuário com os conteúdos (**GUI – Graphical User Interface**).

Dessa forma, é possível observar que o projeto instrucional concentra toda uma série de recomendações práticas mais indicadas e técnicas, todas elas voltadas para a melhoria da qualidade do processo de ensino e aprendizagem.

Conclusões

A divisão apresentada e a situação do projeto instrucional dentro de uma visão mais ampla de um projeto de curso não constituem um constructo teórico de uso geral, mas uma orientação prática que tem funcionalidade no contexto de cursos criados, projetados e desenvolvidos para utilização em ambientes virtuais de ensino e aprendizagem em uma das instituições de ensino consideradas entre as três maiores do mercado atual. Essa visão é importante por situar o projeto instrucional no centro de um processo complexo, desenvolvido por equipes multidisciplinares e interdisciplinares. Nos capítulos seguintes, será detalhada cada uma das funções assinaladas.

Glossário

Aprendizagem baseada em problemas – Aquela que utiliza uma abordagem na qual se toma um problema como base para disseminação de conteúdo e aprendizagem sobre a construção de conhecimentos existentes ou novos.

Educação aberta – Pode ser classificada como aquela na qual o estudante escolhe o que, quando e como estudar; pode acumular créditos, não necessita de experiência anterior, não tem taxas de matrícula ou vestibulares.

Educação formal – A mais tradicional e que se caracteriza por ser altamente estruturada. Há uma instituição que oferece o programa de curso, o qual todos os alunos desenvolvem.

Educação informal – A educação informal é aquela que o cidadão aprende no dia a dia, efetivada na vivência com familiares e outras pessoas.

Educação não formal – É aquela que se processa fora da escola, em meios de comunicação, feiras, encontros etc., e que está voltada para oferecer ciência a um público diversificado.

Gamificação – Emprego da mecânica utilizada nos jogos nos processos de ensino e aprendizagem, que se aproveitam da motivação sugerida aos jovens como consequência de aspectos lúdicos e envolvimento do aluno com as premiações que nela são aplicadas.

Geração digital – A geração digital é aquela nascida a partir dos anos 1990 e cuja vida vem decorrendo toda ela sob a influência das tecnologias. Prensky (2001)[1] considera que essa geração é formada por pessoas que sofreram mudança radical em seu comportamento escolar e que não são mais as mesmas para as quais os sistemas educacionais da atualidade foram criados. O tratamento didático e pedagógico voltado para essas pessoas exige um novo método. Entre as grandes preocupações está a necessidade de recuperar o relacionamento entre aluno e professor.

GUI – Graphical User Interface – Uma interface gráfica é um elemento desenvolvido de forma a facilitar o acesso dos usuários à máquina e que oculta toda a complexidade. Elas devem ser de elevada usabilidade, fator que busca fazer que o número de sucessos seja o maior possível, se puder atingindo a unidade (cem sucessos em cem acessos).

Objetos de aprendizagem – Willey (2000) considera que os objetos de aprendizagem representam uma nova tecnologia educacional voltada para racionalização na produção de materiais e existência de recursos para os docentes não produtores de materiais didáticos. É um material composto por textos, figuras, animações, som, vídeo, simulações, avaliações.

Salas de aula invertidas – Kopp, Ebbler e Restad (s.d.) consideram as salas de aula invertidas como aquelas caracterizadas por apresentar uma inversão do ciclo típico de aquisição de conteúdos e aplicação.

---

[1] PRENSKY, Marc. Nativos digitais, imigrantes digitais. Tradução de Roberta de Moraes Jesus de Souza. Disponível em: <http://pt.scribd.com/doc/55575941/Nativos-Digitais-Imigrantes-Digitais--Prensky>. Acesso em: 10 nov. 2015.

Ou seja, nelas é possível observar que os alunos adquirem o conhecimento de que necessitam antes que a aula seja efetivada em alguma sala física ou eletrônica e alunos e professores são orientados a interagir de forma ativa para esclarecer e aplicar o conhecimento que foi adquirido, quando da efetivação do encontro na sala de aula.

Saiba mais

Consulte o tema no lado esquerdo da tabela e acesse o link na parte direita com os créditos. Caso encontre algum link quebrado, envie um e-mail para o autor para que seja reposto.

Tema	Referência de leitura/link para artigos
PDI – Plano de Desenvolvimento Institucional	Instruções para geração do PDI. Disponível em: <http://www2.mec.gov.br/sapiens/pdi.html>.
Projeto político pedagógico de curso	O que é o projeto político pedagógico? Disponível em: <http://gestaoescolar.abril.com.br/aprendizagem/projeto-politico-pedagogico-ppp-pratica-610995.shtml>.

Questão de revisão

1. Para que possamos manter atualizado e útil o conteúdo deste material, solicitamos que você nos informe qual é a utilidade que você considera ter este material e as razões para que o tenha adquirido. Envie o resultado do seu trabalho para o e-mail do autor para que possamos desenvolver eventuais sugestões colocadas em seu texto.

2 CARACTERÍSTICAS DE UM PI

Se você é um professor com algum tempo de atuação, vai compreender melhor a afirmativa sobre a dificuldade em obter recursos e ter ao alcance de sua mão todo um ferramental tecnológico que permite:

△ facilitar o processo de comunicação com o aluno;
△ obter materiais impressos ou em meios digitais;
△ abrir o espaço da sala de aula para contextos e culturas diferenciados.

Todo esse ferramental tecnológico, somado à orientação ao aluno para a **aprendizagem independente** e a utilização da **mediação tecnológica**, sugere a adoção de alguma forma de planejamento mais completo do que o normalmente desenvolvido em ambientes presenciais tradicionais.

Quem é o candidato?

Segundo a definição de Filatro (2008), o projeto instrucional (PI) é aquele que traz para o ambiente de ensino e aprendizagem um planejamento que inclui atividades, estratégias, novas metodologias e materiais instrucionais desenvolvidos de forma diferenciada. Ele incorpora em suas orientações as NTICs – novas tecnologias da informação e comunicação.

A definição de Filatro coloca o PI como forte candidato a ser um elemento complementar, que não é utilizado em muitas iniciativas observadas no contexto acadêmico atual.

Um projeto instrucional surge como a proposta de um elemento que integre tecnologia e pedagogia. Assim é possível obter uma visão mais consistente de um projeto de curso. Um elemento que não mais privilegie uma perspectiva tecnológica em detrimento da perspectiva pedagógica e vice-versa, mas integre ambas.

A intenção é saber se a tecnologia, em um determinado processo, pode realmente trazer algum benefício que, se constatado, recomenda a adequação de conteúdos à linguagem dos meios tecnológicos que serão utilizados. Assim é possível criar uma visão mais completa e que permite a obtenção de um projeto que pode ser desenvolvido de forma mais efetiva em ambientes enriquecidos com a tecnologia.

A importância do projeto instrucional decorre do fato de que a maioria das universidades brasileiras na atualidade trabalha em diversos ambientes que são enriquecidos com a tecnologia. Paloff e Prat (2004) consideram que esse fato ainda é novo no ambiente acadêmico. Para muitos educadores que nele desenvolvem a sua práxis, ainda falta a formação necessária e suficiente para desenvolver as suas atividades em tais universidades. Isso nada tem a ver com indicação de falta de condições didáticas e pedagógicas; restringe-se apenas ao trato tecnológico e à utilização da mediação tecnológica.

A que um PI deve responder?

Um projeto instrucional apresenta como características desejáveis um corpo teórico que permita dar resposta aos seguintes questionamentos:

- Para onde caminhamos em um determinado processo de aprendizagem?
- Quais são os seus objetivos?
- Quais as ferramentas, colocadas à nossa disposição como tecnologia educacional disponível, são mais adequadas em um determinado processo?
- Quais são as estratégias educacionais que podem ser utilizadas (ideias pedagógicas) para que os objetivos do curso sejam atingidos?
- Como podemos saber, a qualquer momento, se o grau de satisfação dos alunos está sendo atingido?

△ Em que momentos e como o material em múltiplos meios pode ser avaliado?
△ Em que momentos e com quais ferramentas a qualidade do processo pode ser avaliada em termos de levantamento do desempenho dos atores (estrutura acadêmica, professores, tutores, alunos e demais profissionais envolvidos)?

Com essa abordagem, é possível que esse elemento atenda às expectativas anteriormente discutidas por Filatro.

A figura do projetista instrucional

O projeto instrucional traz para o ambiente um novo profissional: o projetista instrucional. Esse profissional, originalmente egresso das fileiras tecnológicas, integra, aos poucos, uma visão didática pedagógica em sua ação e prática profissionais. Um primeiro enfoque incorreto foi a utilização de técnicos informáticos como especialistas pedagógicos, para definição de atividades de cursos ofertados em ambientes enriquecidos com a tecnologia. Este é um papel a ser desenvolvido por professores.

Se esse erro ainda não está totalmente corrigido, aos poucos se observa a utilização do enfoque da criação de equipes multidisciplinares para o desenvolvimento de projetos instrucionais. São equipes que envolvem em um trabalho conjunto diferentes tipos de profissionais.

Bates (2005) considera que esse profissional enfrenta uma série de novos desafios que o levam a trabalhar em:

△ análise de necessidades;
△ atendimento ou especificação de objetivos;
△ determinação de competências e habilidades para o desenvolvimento de determinadas tarefas;
△ escolha de estratégias pedagógicas;
△ seleção de mídias a serem utilizadas;
△ especificação de formas de avaliação.

É um conjunto de responsabilidades de elevada complexidade que podem ter desempenho mais satisfatório ao considerar a função projetista instrucional como a conjugação de esforços de profissionais egressos de diferentes áreas técnicas, psicológicas e didáticas.

Bates amplia a visão inicial ao levar em consideração que suas funções englobam ainda:

- o projeto, desenvolvimento, implementação e treinamento de avaliação e soluções de suporte ao desempenho (metodologia ADDIE);
- o desenvolvimento de materiais didáticos consistentes com os princípios de design instrucional que envolve o casamento entre estratégias tecnológicas e pedagógicas;
- a concepção e implementação de elementos de aprendizagem;
- o desenvolvimento da apreciação e avaliação de todo o processo.

Esses complementos efetuados à primeira conceituação podem esclarecer o leitor com relação à complexidade que adquire sua configuração e expectativas na atualidade. Uma das grandes vantagens que é possível observar no desenvolvimento do projeto instrucional diz respeito ao fato de que ele leva os professores envolvidos a prestar muita atenção no desenvolvimento de atividades e na flexibilização de sua aplicação.

Muitas das coisas que hoje acontecem ao sabor do improviso, provenientes de acontecimentos que ocorrem de forma pontual no decorrer de uma aula tradicional, devem ser planejadas antecipadamente. Ou seja, o professor utiliza toda a sua experiência para antever fatos que podem acontecer durante o desenvolvimento do estudo independente por parte do aluno. Além disso, alternativas devem estar disponíveis, pois normalmente o projeto leva em consideração características particulares de aprendizagem, o que orienta para a apresentação de um mesmo conteúdo de diferentes formas e em diferentes meios.

Glossário

Aprendizagem independente – Abordagem tida como aquela na qual o aluno personaliza a forma como escolhe os materiais, desenvolve os estudos, com autonomia crescente em relação ao apoio de professores em atividades assistencialistas.

Mediação tecnológica – Utilização de facilidades do ferramental tecnológico disponível na sociedade da informação e da comunicação no processo de ensino e aprendizagem.

Saiba mais

Consulte o tema no lado esquerdo da tabela e verifique a obra sugerida na parte direita.

Tema	Leitura indicada
Aprendizagem independente	MOTA, R.; SCOTT, D. A. *Educando para inovação e aprendizagem independente*. São Paulo: Campus, 2013.
Mediação tecnológica	MASSIAT, J. *O caráter empreendedor da mediação tecnológica docente*. São Paulo: Novas Edições Acadêmicas, 2015.

Questões de revisão

1. De que forma o projeto instrucional pode facilitar o processo de comunicação com o aluno?
2. Quais são as principais diferenças entre um Projeto Político e Pedagógico e um projeto instrucional?
3. Como você enxerga, sob um ponto de vista crítico, o fato de tecnólogos desenvolverem isoladamente projetos instrucionais?

4. Escolha três dentre as muitas razões que podem ser relacionadas para a utilização de um projeto instrucional.
5. Quais são os principais aspectos que determinam a utilização de um projeto instrucional?

3 FORMAS DE DESENVOLVER UM PI

Quando se inicia o desenvolvimento de um projeto instrucional, é importante ter em mente privilegiar igualmente tanto os professores quanto os alunos, no sentido de atender àquilo que cada um deles espera de um curso. Na atualidade, os ambientes são centrados no aluno e, por mais paradoxal que possa parecer, diante da independência dele os professores assumem uma importância ímpar que até então nunca tiveram na atividade de ensino, ainda que tenham perdido algumas prerrogativas, que mais bloqueavam do que colaboravam para a obtenção de processo de alta qualidade. O relacionamento de poder e a posse do título de detentor universal do conhecimento não mais fazem falta ao professor.

Projetar baseado em como os alunos aprendem

É importante que o projetista instrucional faça a si mesmo algumas perguntas:

- △ Como as pessoas aprendem?
- △ Cada pessoa aprende de um jeito diferente ou todos aprendem da mesma forma?
- △ Se as pessoas aprendem de formas diferenciadas, como criar um projeto que atenda a todas as possibilidades?
- △ Como educar uma geração tão diferente das anteriores?
- △ Para qual sociedade o projeto deve orientar a formação dos alunos?
- △ Se você já vivenciou esses momentos de insegurança com relação à sua prática (e outras perguntas ainda permanecem em sua mente como um

turbilhão), parabéns. O porquê da congratulação? Porque você se mostra um projetista preocupado em como desenvolver um projeto que atenda ao aluno em seus interesses.

A partir daí, procure desenvolver um projeto com uma clara proposta de:

- atingir o aluno;
- vencer sua inércia inicial;
- fazer que ele participe das atividades;
- eliminar sua **zona de conforto**;
- colocar desafios;
- despertar a curiosidade;
- motivar o desempenho individual.

Dessa forma, o projeto instrucional insere a **psicologia social**, a **psicologia cognitiva** e a **antropologia** integradas para oferecer novas configurações no âmbito dos ambientes educacionais, deixar abertura para elevado grau de flexibilidade e considerar que, em condições normais, todas as pessoas têm potencial para aprender e que a missão do projeto instrucional é ajudá-las a atingir todo o seu potencial.

O respeito às características individuais orienta o projetista a disseminar conteúdos em múltiplos meios e aceitar tornar o ambiente flexível como característica do projeto. Essa flexibilidade pode ser obtida com algum tipo de intervenção (humana ou na base de inteligência artificial), de modo a permitir uma contextualização do projeto. Aqui se considera que não há como, *a priori*, durante o desenvolvimento do projeto, saber a forma de aprendizagem de cada participante. A distribuição em múltiplos meios, o incentivo à solução de problemas, a proposta da formação de grupos e toda uma gama de estratégias didáticas e pedagógicas são recomendáveis.

Projetar baseado em como os professores ensinam

É preciso permitir aos professores que tenham ambientes e situações, criados durante o desenvolvimento do projeto instrucional, para que a orientação aos alunos siga a efetivação do quarteto que sustenta qualquer proposta educacional: senso crítico, criatividade, inovação e iniciativa. Esse quarteto representa a necessidade de competências e habilidades que a escola se propõe a formar no egresso dos bancos escolares das universidades, um dos delimitadores deste estudo.

Cabe a um projeto instrucional bem desenvolvido a missão de resgatar o relacionamento professor e aluno, seja pela utilização da aprendizagem baseada em problemas, pela inversão da sala de aula ou por outra metodologia qualquer. Assim, a **interação** e a eliminação da **distância transacional** com efetivação de uma proposta de **conversação didaticamente guiada** colocam-se como pontos-chave para um projeto de qualidade.

O resultado prático dessas orientações aos projetistas instrucionais deve ser antecedido por atitudes de nivelamento e qualificação para utilização de todo o potencial tecnológico existente no ambiente, via programas de **formação permanente e continuada** do docente. Se esse requisito não for atendido, toda e qualquer medida tomada pelo projetista pode se tornar inócua.

Com esse nível de segurança e apoio, o docente poderá ensinar com certeza em um tempo de incertezas. O projetista instrucional pode colaborar com a criação de ambientes e cenários, como locais nos quais o professor pode colocar os conteúdos que devem ser transmitidos ao aluno, para que ele possa atuar no sentido da criação de novos conhecimentos.

É importante que o projetista mantenha, durante o desenvolvimento do projeto, uma troca extensiva de ideias com o professor no sentido de verificar a melhor forma de adequação da disseminação de algum conteúdo, o que vai possibilitar a determinação da adaptação mais adequada e apropriada ao contexto, tendo em mente a criação de ambiente altamente flexível.

Ao atuar dessa forma, o projetista instrucional colabora com a mudança de uma perspectiva colocada por Wernek (1992), que constatou no ambiente educacional a existência da pedagogia do fingimento (aquela na qual os professores fingem que ensinam e o alunos fingem que aprendem), por uma nova ótica, na qual os alunos se predispõem a aprender tanto quanto os professores se predispõem a ensinar. É uma proposta que traz resultados proveitosos para todos no ambiente. A formação de um clima de afetividade é a primeira consequência que se espera que venha a ser observada.

Glossário

Antropologia – A antropologia, com destaque para sua aplicação no campo educacional, é considerada por Trueba e Delgado-Gaitan (1988) como um método que tem uma abordagem que tende a se concentrar nos aspectos culturais da educação. Seu estudo envolve diversos questionamentos. É comum que sejam colocadas dúvidas que questionam: Quem somos nós? Como ocorrem os processos de transmissão cultural entre diferentes gerações? Quando colocado em interação com a psicologia social e a psicologia cognitiva, o resultado se potencializa e se desloca para o estudo sobre como o ser humano aprende.

Conversação didaticamente guiada – Holmberg (2015) estabelece como altamente produtiva a conversação guiada de modo didático como forma de diminuir a distância entre as pessoas durante o desenvolvimento de processos educacionais. É um tipo de comunicação em que prevalece o interesse comum e se efetiva de forma bidirecional, há a simulação de uma conversação como se ela acontecesse com os interlocutores presentes. É uma das propostas mais efetivas no ambiente de EaD.

Distância transacional – É aquela que é medida pela quantidade de diálogo efetuado entre pessoas que não estão frente a frente, em vez de se basear em distanciamento geográfico. A interação permite que essa distância se aproxime de zero, situação favorável em ambientes de EaD.

Formação permanente e continuada – A proposta de formação permanente e continuada representa um desafio ao mercado, colocado pela acelerada evolução das tecnologias, aplicáveis em todas as áreas do conhecimento humano. O processo também conhecido como *lifelong learning* (aprendizagem para toda a vida) aplica-se de forma indistinta a todos os profissionais do mercado.

Interação – A ação mútua que envolve interlocutores que podem ser pessoas ou pessoas e interfaces. Quando efetivada em quantidade satisfatória e sem nenhum tipo de sobrecarga, pode ser considerada como uma das propostas mais eficientes para manter o interesse do aluno no ambiente e sua motivação constante.

Psicologia cognitiva – Cherry (s.d.c) considera a psicologia cognitiva como o ramo da psicologia que estuda os processos mentais, incluindo como a pessoa pensa, percebe, lembra e aprende.

Psicologia social – A psicologia social é analisada por Cherry (s.d.b) que, apoiada nos estudos de Gordon Allport (1985 *apud* CHERRY, s.d.b), considera que ela é uma disciplina que utiliza métodos científicos para compreender e explicar como o pensamento, sentimento e comportamento dos indivíduos são influenciados pela presença real, imaginada ou implícita de outros seres humanos. Assim, o outro (aquele que está próximo, outro aluno, o tutor ou algum amigo das redes sociais) passa a ser elemento importante no processo educacional.

Zona de conforto – Quando se fala em zona de conforto, a intenção é referir-se a uma área de atuação do profissional, onde ele conhece de forma detalhada os procedimentos operacionais padronizados da área, seu linguajar e as pessoas com as quais está envolvido. Esta é uma situação que pode ser colocada em risco quando alguma novidade tecnológica de práticas inovadoras é proposta.

Saiba mais

Consulte o tema no lado esquerdo da tabela e acesse o link na parte direita com os créditos. Caso encontre algum link quebrado, envie um e-mail para o autor que ele será reposto.

Tema	Referência de leitura/link para artigos
Conversação didaticamente guiada	Teoria da conversação didática guiada de Holmberg. Disponível em: <http://modelos-deensinoadistancia.wikispaces.com/Teoria+-da+Conversa%C3%A7%C3%A3o+Did%C3%A1ctica+Guiada+de+Holmberg>.
Psicologia cognitiva	Psicologia cognitiva, material do mestrado da UFRJ. Disponível em: <http://www.nce.ufrj.br/ginape/publicacoes/trabalhos/t_2002/t_2002_renato_aposo_e_francine_vaz/psicologia.htm>.
A função projetista instrucional	O papel do designer instrucional na elaboração de cursos de educação a distância: exercitando conhecimentos e relatando a experiência. Disponível em: <http://www.aedi.ufpa.br/esud/trabalhos/poster/AT2/114065.pdf>.

Questões de revisão

1. Como você enxerga a forma como as pessoas aprendem?
2. Segundo sua opinião, qual é a importância de colocar uma orientação ao projetista instrucional na forma como as pessoas aprendem?
3. Analise cada um dos quatro direcionadores para a efetivação dos processos de ensino e aprendizagem.
4. Questione as vantagens da colocação da efetividade como fator primordial para o sucesso na recuperação do relacionamento entre o aluno e o professor.

4 A UTILIZAÇÃO DE MAPAS MENTAIS

A recomendação para a utilização de organizadores gráficos que reúnem imagens, fotos e outros elementos visuais encontra justificativa a partir de um dito de domínio público: uma imagem vale por mil palavras. Aqui prevalece o senso comum, mas a essa atividade pode ser dado suporte teórico, como o faz Piovesani (2012) quando considera que a utilização de estímulos visuais como recurso para o desenvolvimento do saber pode se tornar um instrumento para melhor compreensão do conteúdo a que a imagem se refere.

Ao considerar essa possibilidade, a autora apenas registra uma comprovação que pode ser feita sem a necessidade de estudos mais profundos: antes mesmo de escrever, o homem interpretou o mundo com a utilização de imagens. São considerações que se revelam úteis não somente para utilização pelos alunos, mas também podem colaborar de forma decisiva no desenvolvimento do projeto instrucional de curso. Decorre dessas colocações a importância para o projetista instrucional, levando em consideração o elevado grau de criatividade de sua função, de tomar conhecimento dessa importante ferramenta de apoio.

Organizadores gráficos

Os organizadores gráficos são então utilizados como forma de orientar os pensamentos dos participantes (professores e alunos) com a proposta de construir um diagrama ou um mapa visual. Buzan (2012) considera que os organizadores gráficos estão entre as estratégias de aprendizagem visuais mais eficazes, principalmente quando se trata da organização das ideias e sua apresentação de forma clara. Novak (2010) adota a mesma linha de raciocínio quando propõe que este é o melhor caminho para a identificação de áreas de foco dentro de um tema amplo, como o conteúdo de uma disciplina que pode representar uma ideia complexa, partilhável em conceitos mais simplificados.

Rhodes (2013) leva as vantagens na utilização dos organizadores gráficos um pouco mais adiante ao considerar que sua adoção em sala de aula pode alcançar grande eficácia na obtenção de resultados, seguindo uma linha de uma maior retenção da informação, principalmente para uma faixa de alunos cuja forma de aprendizagem se apoia em estímulos visuais.

É possível partir de uma definição em que se considera que um organizador gráfico é uma ferramenta que permite a montagem de apresentações visuais que demonstram as relações existentes entre os diversos temas tratados em um determinado nível (curso, disciplina, aula etc.). É uma ferramenta que pode auxiliar de forma direta o projetista instrucional no desenvolvimento das atividades práticas, por facilitar o relacionamento da teoria de forma significativa com a vida pessoal e profissional dos alunos.

A utilização primária desses elementos concentra-se em atividades de visualização e organização das informações e pode compor um trabalho de auxílio importante. O ferramental disponível trabalha em todos os níveis educacionais. O pano de fundo da proposta trabalha o conceito de **pensamento visual**.

Na bibliografia são encontradas diferentes taxonomias para classificação dos organizadores gráficos; a mais comum é a que vamos utilizar neste material[2], que classifica esses organizadores como:

△ Mapas conceituais: material que auxilia na representação do conhecimento de um determinado tema com palavras e frases que explicam o relacionamento.

---

[2] Com base em: Inspiration. Disponível em: <http://www.inspiration.com/>. Acesso em: 10 nov. 2015. (Tradução nossa.)

- Mapas mentais: representam uma forma visual de anotações que oferece uma visão geral de um tema e as suas informações complexas, divididas em conceitos mais simples de forma hierárquica;
- Teia: considerada um mapa visual que mostra como as diferentes categorias de informações se relacionam umas com as outras e traz presente a ideia de desenvolvimento, organização e priorização;
- Esboços: tidos como resumos preliminares dos trabalhos escritos, organizados com títulos e subtítulos (como um sumário no Word®), que podem permitir a organização de pensamentos e informações;
- Plotadores e gráficos: considerados tipos de diagrama de aprendizagem visual que representam visualmente uma relação entre conjuntos de números como um conjunto de pontos com coordenadas determinadas por esse relacionamento (diagramas de Venn; gráficos de barra; gráficos de pizza – como formatados pelo Excel® – são exemplos desse tipo de organizador).

Neste estudo, de forma mais específica, interessam mais de perto os mapas mentais, o que leva em consideração a divisão de cursos, disciplinas e aulas, colocando-os como ideias complexas, que podem ser divididas em conceitos simplificados. Nesta abordagem, a aprendizagem acontece do mais simples ao mais complexo, estratégia que recomendamos nos ambientes enriquecidos com a tecnologia.

Mapas mentais

Randall (2012) considera um mapa mental como um organizador gráfico. Buzan (2012) é tido como criador dos mapas mentais. Ele os considera uma técnica visual que pode ser utilizada na estruturação e organização de pensamentos e ideias. Possui ampla funcionalidade como um poderoso método que presta assistência para as pessoas que o utilizam na solução de problemas de suas vidas pessoais e profissionais. Tendo como base as ideias de Randall (2012), o pesquisador considera que os mapas mentais podem atuar em diferentes situações nas quais aconteça a necessidade de:

- aumentar a eficiência e efetividade no trabalho;
- desenvolver, com intenção de esclarecer aspectos fundamentais de uma ideia, atividades de **brainstorming**, cujo trabalho ajuda em muito o desenho dos mapas mentais;
- desenvolver a atividade de escrita de forma criativa. São incluídos como escrita criativa: relatórios, ensaios, documentos técnicos que devem ser distribuídos para uma comunidade, como orientação aos seus trabalhos. A clareza é de fundamental importância e uma das características do desenvolvimento de um bom mapa mental;
- apresentar as informações de uma forma organizada com destaque para a parte analítica, com o propósito de que essas informações não provoquem sobrecarga cognitiva no leitor e façam que ele abandone a leitura proposta;
- apresentar em documentos as mais variadas anotações complementares que facilitem sua compreensão;
- registrar e distribuir notas de reuniões;
- ter um auxiliar potente e eficaz em atividades de ensino e aprendizagem, principalmente quando elas envolvem a solução de problemas, com destaque para as etapas de: definição do problema; *brainstorming* para eleição das soluções possíveis e na etapa de tomada de decisões e estabelecimento de estratégias;
- efetivar o desenvolvimento de trabalhos em grupo, ocasião em que a efetividade dos mapas mentais pode ser utilizada de forma a melhorar o aproveitamento dos trabalhos do grupo e sua racionalização;
- apresentar resultados de trabalhos desenvolvidos (há possibilidade de integração entre os mapas e os programas de apresentação);
- desenvolver a mediação ao enfrentar algum problema em que há necessidade da resolução do conflito;
- desenvolver um projeto sistemático, como, por exemplo, em projetos de **tecnologia da informação**, para solução de problemas específicos de áreas comerciais de uma organização.

Taylor (2009) analisa os mapas mentais em termos de benefícios que podem trazer para os projetistas instrucionais, delimitando o estudo do tema de acordo com nossos interesses, no sentido de apresentar a esses profissionais todo um conjunto de fatores externos que podem direcionar o desenvolvimento dessa tecnologia educacional no ambiente. De acordo com as ideias de Taylor a utilização dos mapas mentais é possível:

- ajudar na compreensão da estrutura do processo que está em desenvolvimento;
- incentivar na tomada das decisões estratégicas para a solução dos problemas;
- tornar a classificação de ideias e comunicação mais fácil;
- permitir o exame das relações que existem entre os diversos componentes do processo em desenvolvimento;
- facilitar a demonstração do processo de pensamento que foi desenvolvido;
- apoiar o aumento da compreensão da leitura;
- facilitar a defesa de pensamentos em debates;
- orientar a organização de conceitos e ideias essenciais.

Taylor considera que o projetista instrucional e o professor podem assumir em diferentes momentos o papel de construtores dos organizadores gráficos, tendo em mente a produtividade que eles podem ajudar a desenvolver. O estudo desenvolvido é complementado, considerando que os mapas mentais permitem, em uma forma de observação geral, trabalhar os conceitos de:

- causa e efeito;
- comparação e contrastação de conceitos;
- solução de problemas;
- relacionamento de temas e ideias;
- organização de tarefas (tempo, atividades);
- sequenciamento de atividades (priorização).

Glossário

Brainstorming – Segundo Pacelli (2010), a atividade de *brainstorming* tem sua aplicação recomendada ao se decompor um problema (ou ideia) complexo. O processo inicia de cima para baixo (*top-down*), com quebra sucessiva de um conceito complexo em conceitos mais simples, como forma de simplificar as atividades de ensino e aprendizagem. Nessa perspectiva, a aprendizagem pode ser desenvolvida de baixo para cima (*bottom-up*), do mais simples ao mais complexo. É uma proposta cuja adoção é recomendada quando no ambiente a solução de problemas está estabelecida. Ormandy (2012) considera que a atividade de *brainstorming* deve ser a primeira coisa a se pensar quando um problema chega até nossas mãos. Essa atividade colabora de forma decisiva para o encontro da solução de um problema.

Pensamento visual – O pensamento visual consiste no aumento de retenção quando as ideias, palavras e conceitos estão diretamente associados com as imagens. Ocorre a aprendizagem visual que ajuda os alunos na organização, análise de informações, integração de novos conhecimentos e desenvolvimento do pensamento crítico (NOVAK, 2010).

Tecnologia da informação – A tecnologia da informação é considerada por Costa Jr. (2013) resultado da evolução tecnológica tida como o conjunto de todos os processos que se utilizam do computador como elemento para obtenção de maior velocidade e resultados mais confiáveis. Sua principal utilização é proporcionar para as chefias estratégicas maior segurança e rapidez no uso da informação.

Saiba mais

Consulte o tema no lado esquerdo da tabela e acesse o link na parte direita com os créditos. Caso encontre algum link quebrado, envie um e-mail para o autor que ele será reposto.

Tema a ser tratado	Referência de leitura/Link para artigos
Pensamento visual	Pensamento visual e inteligência. Disponível em: <http://www.scielo.br/scielo.php?script=sci_arttext&pid=S0370-44672001000100013>.
Brainstorming	Brainstorming: 7 maneiras de gerar ideias criativas. Disponível em: <http://negociosemdetalhe.com.br/brainstorming-7-maneiras-de-gerar-ideias-criativas/>.

Questões de revisão

1. Analise a proposta de utilização de organizadores gráficos em um enfoque crítico da proposta apresentada no estudo.
2. Como os organizadores gráficos podem cooperar com o aumento da capacidade de retenção do aluno?
3. Em que conjunto de situações se mostra recomendável utilizar a técnica *brainstorming*?
4. Quais vantagens você enxerga na utilização conjunta de mapas mentais e atividades de *brainstorming*?

5 MEMÓRIA, CÉREBRO E APRENDIZAGEM

Na atualidade, os estudos sobre o cérebro ocupam boa parte das pesquisas voltadas para determinação das formas como as pessoas aprendem. Nesses estudos, destacam-se como aspectos diferenciados:

△ a memória e as formas com que é possível incentivar a lembrança do registro de informações captadas pela **memória sensorial**, que são colocadas na **memória de curto prazo**, transferidas para a **memória de trabalho**, para então serem armazenadas na **memória de longo prazo**, que pode ser "treinada" para ser mais eficiente;
△ o cérebro que começa a ser mais bem compreendido, deixando de ser uma caixa-preta cujo conteúdo era um mistério.

Esses dois aspectos se reúnem para facilitar os estudos sobre como o ser humano aprende.

Esses aspectos são objetos de estudo de uma nova área de conhecimento: a **neuropedagogia**. Como área de estudo, ela é extensa e está colocada em destaque neste material, com indicações de leituras complementares, a fim de que o projetista, quando na etapa de projeto, possa determinar atividades que estejam relacionadas com esses aspectos.

Estudos sobre o cérebro

Um dos grandes mitos que caem por terra é o tratamento da inteligência como um dom. Constata-se que no lúdico, na utilização de jogos, apresentam-se grandes possibilidades de mudança de comportamento, o que justifica atenção especial do projetista para os aspectos citados anteriormente a respeito do cérebro.

Para incentivar esses aspectos, o projetista poderá propor a utilização de **simulações**, a imersão em **realidade virtual**, a gamificação do processo de ensino e aprendizagem, a inversão de salas de aula – todas tendo em comum questões referentes à motivação do aluno para uma participação mais ativa em seu processo de aprendizagem.

Medina (2014), Battro, Fisher e Léna (2008) e Jones (2008) levam em consideração aspectos que destacam o viés do ser humano como um explorador natural, direcionamento que pode resultar em atividades específicas propostas em nível de projeto instrucional. Esses pesquisadores destacam que nosso cérebro está conectado para resolver problemas relacionados com a sobrevivência em um ambiente mais ativo que o de sala de aula. Este é considerado sedentário e incompatível com a neurologia humana básica (JONES, 2008). Assim esses pesquisadores recomendam fatos relacionados com a solução de problemas, em pesquisas desenvolvidas em ambientes externos às salas de aula.

Aqui são levantadas questões importantes para os professores e, por extensão, para os projetistas instrucionais. Na busca de motivação e participação, como podem ser previstas atividades que colocam os alunos em maior contato com o meio ambiente externo às salas de aula? É um questionamento que abre perspectivas para estudos mais detalhados sobre o assunto.

Orientações ao projetista

É importante que o projetista observe algumas colocações provenientes dos primeiros estudos sobre a memória, cérebro e aprendizagem:

- △ Walker (2012) assinala que perdemos 90% dos novos aprendizados dentro de 60 minutos se a atividade que os originou não for repetida ou utilizada. A recursividade é considerada importante e é uma maneira de o cérebro responder melhor à atividade de aprendizagem.
- △ Medina (2014) recomenda que atividades de reforço (recursividade) sejam desenvolvidas a cada 20 minutos, como forma de permitir a

retenção do conhecimento adquirido. O pesquisador considera que, ao reconhecer que o ensino é uma forma de arte em forma de teoria e prática, a neurologia da aprendizagem promete levar as práticas de ensino a se tornarem mais compatíveis com o modo como os seres humanos estão acostumados a aprender.

- △ Aspectos relativos à inteligência emocional estão sendo inseridos em atividades no PI e apresentam elevada funcionalidade (gestão de conflitos em grupos é um deles).
- △ Hinton, Fischer e Glennon (s.d.) apontam que as abordagens de criação de ambientes de aprendizagem centrados no aluno contribuem de forma decisiva para construir nele sentimentos de autoconfiança e motivação, fato que confirma algumas teorias (por exemplo, a **teoria da interação e comunicação social** de Holmberg).

Assim como estes, existem diversos outros estudos ao longo dos quais o projetista instrucional não pode passar. Dessa forma, é possível observar que é grande a quantidade de estudos que estão sendo desenvolvidos na área de comportamento do cérebro. Todos eles têm relacionamento com modificações nas formas como os projetos instrucionais podem ser desenvolvidos.

Nos dias atuais, ganha destaque, com a evolução das redes sociais, o conceito de memória transacional que, aos poucos, começa a ser trabalhado como elemento capaz de afetar a motivação dos participantes, com consequente melhoria de resultados.

Glossário

Memória de curto prazo – Cherry (s.d.d) pontua a memória de curto prazo, também conhecida como memória primária, como o conjunto de informações com as quais a pessoa está trabalhando no momento. É conhecida como a "mente consciente". As informações que nela são armazenadas resultam de memórias sensoriais do que ocorre em torno do indivíduo.

Memória de longo prazo – Considerada por Cherry (s.d.e) como aquela na qual ocorre o registro contínuo de informações, também conhecida como memória pré-consciente ou inconsciente. É uma informação que está, em sua maior parte, fora de nossa consciência.

Memória de trabalho – Considerada por Cherry (s.d.d) como aquela na qual a informação que está na memória de curto prazo é colocada, antes de ser descartada ou transferida para a memória de longo prazo.

Memória sensorial – Sutton, Harris e Barnier (2012) a consideram como aquela que demonstra a capacidade que a pessoa tem de reter impressões de informações que lhe chegam por meio de seus sentidos (visual, auditiva, táctil, olfativa, paladar). O tempo de armazenamento corresponde a menos de dois segundos.

Memória transacional – Há um paradigma, o da memória transacional, que também pode ser trabalhado quando se estabelece um grupo, mas que é mais desenvolvido quando são utilizadas as redes sociais em educação. O trabalho com essas redes pode aumentar a motivação do participante.

Neuropedagogia – Área de estudos recente que amplia o conhecimento que o ser humano tem de seu próprio cérebro e que traz muitas novidades e confirmação de algumas ideias que já circulavam no ambiente acadêmico, sem comprovação.

Realidade virtual – Aumento dos sentidos e da percepção, com utilização de elementos de hardware que levam o participante a sentir sensações sobre coisas que estão fora do ambiente.

Simulações – Uso de realidade virtual, realidade aumentada e em 3D, utilizadas para criação de ambientes que simulam situações da vida real.

Teoria da interação e comunicação social – Considera-se que, com a sensação dada ao participante de "fazer parte de algo", aumentam a sua motivação e nível de participação no ambiente, posição esta defendida por Holmberg (2015).

Saiba mais

Consulte o tema no lado esquerdo da tabela e acesse o link na parte direita com os créditos. Caso encontre algum link quebrado, envie um e-mail para o autor que ele será reposto.

Tema	Referência de leitura/Link para artigos
Memória	Três maneiras de melhorar sua memória comprovadas pela ciência. Disponível em: <http://revistagalileu.globo.com/Life-Hacks/noticia/2015/02/3-maneiras-de-melhorar-sua-memoria-comprovadas-pela-ciencia.html>.
Teoria da interação e da comunicação social	Bases epistemológicas e teorias em construção na educação a distância. Disponível em: <http://www.uab.ufmt.br/uab/images/artigos_site_uab/bases_epistemologicas.pdf>.

Questões de revisão

1. Relacione atividades das quais participou como aluno ou como professor e que ativaram a utilização de seu cérebro, ainda que você não tivesse plena consciência do fato.
2. Como você encara o aumento de produtividade e de atividade cerebral e melhoria da memória com a proposta de aumentar o número de atividades, com diminuição do tempo para seu desenvolvimento?
3. Em seu entender, por que é importante o aumento da memória na aprendizagem de coisas novas?

6 SENSO CRÍTICO, INOVAÇÃO, INICIATIVA E CRIATIVIDADE

As quatro competências e habilidades mencionadas no título deste capítulo são aquelas esperadas no perfil do **profissional do conhecimento**. É importante que elas sejam trabalhadas em tempo de projeto instrucional, sendo colocadas atividades que incentivem a sua recuperação, uma vez perdidas devido à coerção existente nos ambientes tradicionais de ensino.

Senso crítico

Tudo se inicia com o incentivo ao desenvolvimento de pesquisas. O projetista pode estabelecer essa atividade em pontos estratégicos do desenvolvimento do conteúdo. O senso crítico entra em ação quando se tem de escolher, entre um elevado volume, as informações que são as mais apropriadas. O projeto deve trazer orientações para seu armazenamento em localidades específicas para que a informação seja tratada e possa ser utilizada (iniciativa) de forma inovadora e apoiada na criatividade do aluno. A criatividade do projetista é novamente instigada. Essa sequência pode ser incentivada por um sem-número de atividades no corpo do projeto.

A inovação

Na inovação tem valor a **estratégia do oceano azul**, propugnada por Kim e Mauborgne (2005), e a criatividade pode utilizar-se dos mapas mentais e conceituais para ser estimulada. O importante é que esses quatro pilares de sustentação devem ser trabalhados em tempo de projeto instrucional e servem como base para a efetivação de outras propostas.

A criatividade

A criatividade pode estar apoiada na efetivação de atividades de *brainstorming* e no uso dos mapas mentais. A proposta já foi vista anteriormente no momento do estudo dos mapas mentais, desenvolvido no Capítulo 4. O desenvolvimento de tempestades mentais antecede o desenho gráfico do que o projetista pretende, e a mesma técnica pode ser aplicada no projeto em relação ao incentivo dado aos alunos.

A iniciativa

A iniciativa está nas atividades propostas no projeto instrucional a serem desenvolvidas pelo participante. Assim, mais uma vez se demonstra a importância do projeto instrucional como o local no qual essas atividades são projetadas, roteirizadas e propostas. Visto sob essa perspectiva, um projeto instrucional deve envolver um conjunto de propostas em que os alunos sejam incentivados a trabalhar em atividades diferenciadas e que desenvolvam essas competências e habilidades.

Glossário

Estratégia do oceano azul – Foi criada por Kim e Maugnbore (2005) e consiste em analisar o mercado e não apenas tentar melhorar o que é feito pela concorrência, mas sim considerar como desafio a ser vencido a possibilidade de "fazer diferente" e assim ganhar a concorrência.

Profissional do conhecimento – O profissional do conhecimento é definido por Drucker (1999) como aquele que acompanha a evolução das tecnologias, a informação e o desenvolvimento de novos modelos de negócios e que está capacitado a desenvolver a solução de problemas e trabalhar sob o desafio de enfrentar o novo.

Saiba mais

Consulte o tema no lado esquerdo da tabela e acesse o link na parte direita com os créditos. Caso encontre algum link quebrado, envie um e-mail para o autor que ele será reposto.

Tema	Referência de leitura/Link para artigos
Profissional do conhecimento	Você é um trabalhador do conhecimento? Disponível em: <https://essenciacao.wordpress.com/2013/02/22/voce-e-um-trabalhador-do-conhecimento/>.
Estratégia do oceano azul	Parte 3 – capítulos 7 a 9. Executando a estratégia do oceano azul. Disponível em: <http://pt.slideshare.net/DaviCamposdaSilva/livro-estratgia-do-oceano-azul>.

Questões de revisão

1. Analise a frase relacionada ao estudo que você está desenvolvendo sobre a construção de projetos instrucionais: o processo criativo é composto de 99% de transpiração e 1% de inspiração.
2. Destaque a importância da utilização de atividades de *brainstorming* e mapas mentais e imaginação criativa no processo de criatividade.
3. Qual importância você credita à iniciativa na atividade de criação de novos conhecimentos, desenvolvimento de novos produtos ou adoção de atitudes e comportamentos diferenciados diante dos desafios colocados pela elevada velocidade da evolução tecnológica?

7 LEITURA, INTERPRETAÇÃO DE TEXTO E ESCRITA

Uma das principais deficiências que podem ser observadas no perfil de muitos profissionais, alguns formados, com conhecimento e ocupando cargos de destaque em organizações de médio e grande porte, é o analfabetismo funcional. Trabalhos no sentido de evitar a sua efetivação são recomendáveis, e os projetos instrucionais podem colaborar com a proposição de atividades de leitura e compreensão de textos, completados com orientações para a escrita e efetivação de comunicação diferenciada, entre as quais a escrita assume papel de destaque.

O analfabetismo funcional

Em nosso país, o Instituto Paulo Montenegro[3] trabalha com o registro e desenvolvimento de atividades de eliminação do analfabetismo funcional. É uma ocorrência considerada uma praga, que impede o desenvolvimento efetivo de um processo de comunicação no interior da academia e de organizações do mercado corporativo. Para os especialistas do instituto, é considerada analfabeta funcional a pessoa que, mesmo sabendo ler e escrever, não consegue compreender um enunciado simples para comunicação de suas ideias nem sequer desenvolver algumas operações de cálculo. Dessa forma, essas pessoas podem não participar ativamente da vida social, mas, ao utilizar as suas ideias e interpretações podem prejudicar os outros se elas estiverem em condições hierárquicas superiores.

---

[3] Disponível em: <http://www.ipm.org.br/ipmb_pagina.php?mpg=4.09.00.00.00&id_duv=22&ver=por>. Acesso em: 10 nov. 2015.

Isso acontece com frequência indesejada tanto no mercado acadêmico como no mercado corporativo e em cargos de chefia. Há um indicativo que mensura esse fenômeno social. Esse indicativo, denominado Indicador de Analfabetismo Funcional (Inaf), abrange a população entre 15 e 64 anos. Os números apresentados em nosso país não são muito animadores. A publicação referente ao biênio 2011-2012 apresenta resultados que consideram o analfabetismo funcional em nosso país em níveis de 73% da população. Os considerados níveis plenos se mantêm, na última década, inalteráveis e na faixa de 25%, um percentual muito baixo para um país que tem pretensões de entrar no clube dos países desenvolvidos.

As orientações no projeto

Assim, no projeto instrucional, podem ser inseridas atividades que levem cada participante a saber que um texto, seja qual for a sua classificação, é a unidade básica de transmissão das ideias, dos conceitos e da cultura na qual o escritor desenvolve seu trabalho. A forma textual destaca-se e pode ter a colaboração de outras formas textuais para sua compreensão (uma foto, uma tomada de um filme e uma cena da televisão são, nesse contexto, consideradas como formas textuais).

Nesse processo, as leituras podem ser desenvolvidas em textos curtos, em que a comunicação e interação, além da interpretação de textos, incentivam a escrita correta. Entra em cena a correção na forma de escrever, outro tópico importante no processo de comunicação a ser desenvolvido pelo profissional do conhecimento, habilidade cuja aquisição deveria começar já na tenra idade, mas que, por força de circunstâncias indesejáveis no panorama educacional brasileiro, acaba por ser completada já na fase adulta, quando se encara a graduação formal.

Em que local e de que forma se observa, em uma primeira instância, a necessidade de uma boa escrita? No trabalho com o correio eletrônico. De forma similar acontece com a troca de mensagens em **sistemas mensageiros** e em **listas de discussão** e na participação em **comunidades virtuais de aprendizagem**. São oportunidades que o projetista instrucional não pode perder. A comunicação do aluno necessita ser clara, não apoiada em uma nova linguagem cheia de abreviaturas, que somente deve ser utilizada no restrito círculo de amizades mais próximas. Isso se deve ao fato de a expressão não ser mais oral, a não ser em um número pequeno de casos (as videoconferências ainda podem representar necessidades de velocidade e custos inacessíveis).

Nos ambientes virtuais, os **sistemas de gerenciamento de conteúdo e aprendizagem** possibilitam que o processo de comunicação aconteça de maneira intensiva e na **forma "muitos-para-muitos"**. Cada um tem acesso a todos os demais participantes, incluindo alunos e professores. É nesse local que o projetista pode desenvolver a sua atuação e interferir para que esses problemas venham a ser superados.

Fazer que por meio do projeto instrucional seja criada uma sala de leitura pode ser um potente auxiliar. A determinação de utilização de bibliotecas virtuais com acesso livre para os alunos é outro passo importante. Existem diversas bibliotecas que possibilitam o acesso mediante taxas pagas pela instituição de ensino, para que seus alunos tenham acesso a um grande acervo de informações. A escrita de textos na **modalidade Wiki** é outra atividade importante. Apesar de ainda não ser plenamente adotada como um dos métodos das iniciativas educacionais em nosso país, a sua utilização é recomendável e permite colocar em contato pessoas de diferentes culturas. Orientar grupos na avaliação cruzada de trabalhos é outra forma eficiente e que envolve a avaliação do trabalho por terceiros. Colocar textos nas redes sociais e possibilitar o seu acompanhamento se revelam como uma fonte de captação de críticas sobre os trabalhos desenvolvidos.

Todas essas atividades podem ser colocadas dispersas no projeto instrucional e ainda como opcionais, a serem desenvolvidas por pessoas que revelem dificuldade na efetivação de processos de pensamento de ordem superior.

Glossário

Comunidades virtuais de aprendizagem – Localidades nas quais pessoas se reúnem para desenvolvimento de trabalhos de interesse comum que pode ser de forma cooperativa ou colaborativa.

Forma "muitos-para-muitos" – Comunicação em que as pessoas em uma rede enxergam todas as outras pessoas e podem trocar mensagens entre elas, de forma compartilhada ou individual.

Listas de discussão – Localidades estabelecidas na rede nas quais pessoas com interesses comuns trocam informações de forma assíncrona.

Modalidade Wiki – Modalidade de trabalho que permite que diversas pessoas desenvolvam trabalhos em comum. É uma proposta que ganha um número cada vez maior de adeptos.

Sistemas de gerenciamento de conteúdo e aprendizagem – Conjunto de programas que criam localidades na grande rede, nas quais os participantes de cursos podem trocar arquivos, interagir e registrar a sua evolução.

Sistemas mensageiros – São sistemas que permitem que pessoas geograficamente distantes troquem comunicações de forma textual, oral ou em vídeo.

Saiba mais

Consulte o tema no lado esquerdo da tabela e acesse o link na parte direita com os créditos. Caso encontre algum link quebrado, envie um e-mail para o autor que ele será reposto.

Tema	Referência de leitura/Link para artigos
Comunidades virtuais de aprendizagem	Comunidades virtuais de aprendizagem: espaços de desenvolvimento de socialidades, comunicação e cultura. Disponível em: <http://www.pucsp.br/tead/n1a/artigos%20pdf/artigo1.pdf>.
Sistemas de gerenciamento de conteúdo e aprendizagem	Um estudo sobre os sistemas de gerenciamento de conteúdo de código aberto. Disponível em: <http://www.portal.inf.ufg.br/sites/default/files/uploads/relatorios-tecnicos/RT-INF_002-08.pdf>.
Modalidade Wiki	Motivação dos alunos para a utilização da tecnologia Wiki: um estudo prático no ensino superior. Disponível em: <http://www.scielo.br/scielo.php?pid=S1517-97022013000300014&script=sci_arttext>.

Questões de revisão

1. Descreva problemas de clima organizacional que podem ser causados pelo analfabetismo funcional.
2. Quais são as principais vantagens de saber ler e interpretar textos?
3. Quais são as principais vantagens de saber utilizar a escrita como forma de comunicação?
4. Quais são as vantagens de saber desenvolver um processo de comunicação diferenciado em ambientes de aprendizagem?
5. Quais são as unidades básicas de transmissão de ideias em ambientes educacionais?

8 O PENSAMENTO DE ORDEM SUPERIOR

Você vai ler, muitas vezes, neste texto e em diversos outros que tratam das formas de aprendizagem, a respeito do estabelecimento de técnicas para tornar a aprendizagem mais eficaz sobre o pensamento de ordem superior. Trata-se de um dos conceitos mais importantes como conhecimento necessário ao professor e ao projetista instrucional. Serão as atividades que eles vão projetar que trarão embutidas as técnicas mais indicadas para sua incorporação no perfil do aluno.

A conceituação

Diversas habilidades são associadas ao pensamento de ordem superior. O nome por si só já coloca medo em muitos alunos, e alguns professores evitam falar sobre o tema pela mesma razão. Não há justificativas para esse medo, desde que o assunto seja estudado e tratado de forma séria e extensiva nos projetos desenvolvidos.

Há um ponto de convergência em quase todos os estudos efetuados sobre o pensamento de ordem superior, alguns dos quais serão citados adiante neste capítulo, que determinam uma premissa básica: as habilidades de raciocínio podem ser desenvolvidas por uma melhor compreensão do que ele vem a ser.

A segunda grande convergência, que abrange todos os estudos, é que o pensamento de ordem superior é uma atividade cognitiva associada à utilização da mente e envolve atenção, categorização, seleção e julgamento. Este talvez seja o ponto que cause medo nos alunos. Muitos deles não estão acostumados a pensar por si próprios, uma vez que foram ensinados a aceitar o assistencialismo dos docentes dos ambientes tradicionais de ensino e aprendizagem. Quase todas essas razões são emocionais ou afetivas.

Pessoas que trabalham sob essa perspectiva evitam as crenças que tornam as pessoas fanáticas e, em muitas situações, o apelo à sua aplicação pode evitar que situações de intolerância e violência aconteçam. Infelizmente, esse pensamento não é aplicado em todas as situações, como demonstra a situação caótica existente em um mundo violento, como se apresenta a sociedade atual.

O pensamento de ordem superior é um processo. Sendo assim, é possível efetuar sua análise e proposição de técnicas para que ele seja desenvolvido. O ceticismo é a base para o início do estabelecimento de um pensamento baseado na análise crítica. Quando o ceticismo é acompanhado, de forma fundamentada, pela crítica desenvolvida por uma visão abrangente que inclui diversos pontos de vista, trazendo uma visão do todo, ações sensatas são o resultado das reflexões. O ceticismo é então considerado como a dúvida construtiva na aplicação de um **pensamento dialético**.

A melhor maneira de trabalhar em um projeto instrucional é a criação da dúvida construtiva, com chamado à **arte da argumentação**.

O que fazer no projeto instrucional

Estudos desenvolvidos por Dummet (2013), Erlandson (2012) e Kallet (2014) permitem montar um pequeno roteiro que pode servir como orientação eficaz ao professor e projetista instrucional, na definição de atividades para estímulo na utilização de pensamentos de ordem superior na aprendizagem. Eles facilitam a memorização e compreensão dos conceitos trabalhados.

As atividades estabelecidas em tempo de projeto instrucional apresentam as seguintes características, com base nas ideias dos três autores:

- △ sugerir o raciocínio e conduzir o aluno a desenvolver julgamentos e tomar decisões que sejam aplicáveis à solução de problemas próximos daqueles que ele vive em sua vida real;
- △ apresentar atividades que levam o aluno a simulações para resolução de problemas que apontam para situações nas quais as mudanças são rápidas e constantes, como acontece no mundo atual;

- propor análise conjunta das decisões tomadas de forma individual ou por equipes a outros indivíduos ou equipes, de modo a ter uma visão crítica sobre o trabalho desenvolvido;
- sugerir atividades que exijam a apresentação de um pensamento claro e de fácil compreensão (submeter a críticas de elementos externos ao processo e que vivenciam situações diversificadas);
- incentivar o desenvolvimento de atividades de síntese, com a apresentação de resumos a serem compartilhados com os colegas de curso ou nas grandes redes sociais;
- fazer que as atividades sempre estejam relacionadas, na medida do possível, com a experiência anterior dos participantes do grupo, para análise por outras pessoas, com o intuito de verificar se elas possuem o mesmo entendimento que os participantes do grupo;
- orientar o aluno, sempre que possível, a resumir a sua compreensão de algum desafio que lhe é apresentado e a formular uma pergunta-chave, cuja resposta possa solucionar algum problema proposto;
- oferecer sempre ao aluno informações precisas e relevantes ao problema com o qual ele está envolvido no momento;
- orientar a quebra de alguma ideia complexa em partes menores para facilitar o trabalho com conceitos mais simples.

Os pesquisadores citados também convergem ao considerar a montagem de perguntas como uma das etapas mais importantes, o que recomenda um destaque sobre essa atividade. Ao formular perguntas, os pesquisadores consideram importante que aquele que estuda o problema pergunte a si mesmo:

- Qual é o objetivo em obter uma solução para o problema?
- Qual parte do problema a resposta à pergunta resolve?
- Estas são as melhores perguntas que podem ser formuladas na situação atual?
- Tenho as condições para coletar as informações que são necessárias para responder à pergunta?

△ Existem outras perguntas que podem ser relacionadas e que devem ser levadas em consideração?
△ Que tipos de perguntas estão sendo formulados?
△ Qual área de conhecimento e qual o relacionamento de cada pergunta com a área na qual o problema está situado?

Glossário

Arte da argumentação – Meyer (2008) assinala a argumentação como a forma mais indicada para que as pessoas aprendam a oferecer um conjunto de razões a favor de uma determinada conclusão ou oferecer dados favoráveis ao desenvolvimento de estudos que permitam chegar a uma conclusão. A argumentação tem a grande vantagem de permitir que diversos pontos de vista sejam analisados na busca do melhor, que possa dar maior credibilidade às conclusões obtidas.
Abreu (2005) arrisca uma definição acadêmica que será utilizada no transcorrer da apresentação deste estudo e considera que a argumentação é uma construção discursiva que apresenta em seu desenvolvimento características próprias, voltadas para o convencimento via exposição de pensamentos que se contrapõem à crença. Corresponde a um processo de busca da defesa de pontos de vista.

Pensamento dialético – O pensamento dialético é aquele que está apoiado no propósito de atingir a verdade por meio da contraposição e, em seguida, da conciliação das contraposições. É um processo inicial de desconstrução, ao qual se segue um processo de reconstrução. Segundo a visão de Souza (2013), apoiado nos estudos de Nietzsche, é ele que permite que as pessoas tomem a melhor decisão ante um determinado contexto vivido em um momento específico.

Saiba mais

Consulte o tema no lado esquerdo da tabela e acesse o link na parte direita com os créditos. Caso encontre algum link quebrado, envie um e-mail para o autor que ele será reposto.

Tema	Referência de leitura/Link para artigos
Pensamento dialético	Fragmentos do pensamento dialético na história da construção das ciências da natureza. Disponível em: <http://www.scielo.br/pdf/ciedu/v6n2/04.pdf>.
Arte da argumentação	A arte de argumentar: gerenciando razão e emoção. Disponível em: <https://designunip.files.wordpress.com/2011/08/a-arte-de-argumentar-antonio-suarez-abreu.pdf>.

Questões de revisão

1. Identifique quais os receios tidos pelas pessoas diante do desafio de desenvolver pensamento de ordem superior.
2. Disserte sobre pelo menos uma das vantagens da utilização do pensamento de ordem superior.
3. Defina em seu entendimento o termo *pensamento dialético* e destaque em que situações ele pode ser utilizado.

9 AS FORMAS DE APRENDER

Tratar das formas de aprender é colocado na maioria dos materiais como a escolha de alguma taxonomia proposta por educadores com diferentes linhas de trabalho. A partir daí decorre a importância de seu tratamento no desenvolvimento do projeto instrucional de aprendizagem. Nos capítulos seguintes, serão abordadas as formas mais comuns presentes nos cursos. As formas de aprender são comumente consideradas **ideias pedagógicas** ou **estratégias educacionais** que são utilizadas com sucesso em iniciativas pontuais.

Aprender a conhecer

O aprender a conhecer representa o primeiro dos quatro pilares criados pelos especialistas que montaram o relatório "Educação: um tesouro a descobrir". Ele foi desenvolvido para a Comissão Internacional sobre a Educação para o Século XXI, coordenado por Jacques Delors[4]. No texto indicado, é apresentado o significado da necessidade que as pessoas têm de compreender o mundo que as rodeia. Depois, então, elas podem viver de forma digna, para desenvolvimento das capacidades profissionais necessárias a fim de que seja estabelecido um processo de comunicação efetivo na sociedade da informação.

---

[4] DELORS, Jacques et al. *Educação*: um tesouro a descobrir. Relatório para a Unesco da Comissão Internacional sobre Educação para o Século XXI. Disponível em: <http://ftp.infoeuropa.eurocid.pt/database/000046001-000047000/000046258.pdf>. Acesso em: 11 nov. 2015.

Aprender a fazer

No relatório indicado, considera-se que o aprender a fazer está ligado de forma indissolúvel ao aprender a conhecer. Se a primeira proposta tinha um caráter geral, a segunda volta-se para o campo da formação profissional, da qual a pessoa não deve se descuidar, de modo a poder viver longe das dificuldades enfrentadas por aqueles sem oportunidade de desenvolver seus estudos. Esse destaque é imprescindível em uma sociedade que coloca para todos os profissionais que nelas desenvolvem seus trabalhos o desafio da formação permanente e continuada. Sem ela, abrem-se lacunas no perfil de competências e habilidades do profissional. Elas trazem como consequência a diminuição da sua competitividade no mercado, baixando seu nível de empregabilidade.

Aprender a viver juntos

O terceiro dos sustentáculos da educação do futuro considera de vital importância que as pessoas aprendam a viver juntas, fato este que está colocado como o maior dos desafios para as sociedades, principalmente aquelas dos países fora do restrito círculo das nações desenvolvidas. Esta se demonstra como uma necessidade em um ambiente em que o poder destrutivo guardado pelas potências bélicas pode arruinar o mundo em um abrir e fechar de olhos. A partir dessa constatação, não há como negar a importância de um desafio com essas características. É preciso evitar a intolerância e passar a aceitar as diferenças sociais, cognitivas e culturais entre as pessoas. Estabelecer o **multiculturalismo** e respeitar suas características podem ajudar a estabelecer uma convivência pacífica em um futuro não distante. Para tanto, é preciso não somente reconhecer a existência do outro, mas também respeitar os seus direitos, considerando todos como iguais perante a lei. A principal sugestão passa a ser o estabelecimento de projetos comuns, desenvolvidos de maneira a envolver diversas culturas em ambientes nos quais qualquer tipo de preconceito não deverá ser aceito.

Aprender a ser

Esse aspecto está relacionado com o desenvolvimento total do ser humano. A educação assume, de forma prazerosa – ainda que venha a lamentar o fato de que comportamentos e atitudes desfavoráveis possam impedir a sua efetivação –, a necessidade de a pessoa se desenvolver de forma total. Isso deve acontecer em um sentido de integração de corpo, espírito, inteligência, sensibilidade, sentido ético e estético, com envolvimento no desenvolvimento de atividades de **responsabilidade e autoridade social individual**. Sem essa proposta presente, o mundo corre o risco de ver implantada a sociedade do grande irmão[5], decantada por Orwell em sua obra *1984*, na qual a desumanização da sociedade é total. É uma visão que, apesar de assustar as pessoas, ainda não as movimenta com toda a força necessária, para que alguma situação similar não venha a acontecer. A educação deve ser tomada como sinônimo de liberdade para que floresçam as mais diversas variações de talento e culturas diferenciadas e possamos evitar o perigo de nos tornarmos, perante os padrões estabelecidos, uma geração de iguais. A monotonia de um tecido social monocromático é um risco que não podemos correr.

Aprender a aprender

Reconhecer o próprio talento e a capacidade para fazer as coisas é uma das qualidades que grande parte dos seres humanos nega a si mesma. Esse sentimento, uma vez constante, pode vir a ser um dos entraves ao desenvolvimento humano. Considerando pessoas com todos os seus sentidos ativos e sem nenhum problema motor, físico ou psicológico, todos temos as mesmas condições de aprendizagem. A capacidade de aprender a aprender pode ser abafada por diversos tipos de coerção que iniciam na própria casa e que se estendem para os ambientes escolares. Há pessoas que conseguem superar esse fato, enquanto muitas outras que não confiam em si próprias acabam em um processo de autocomiseração prejudicial ao seu desenvolvimento.

---

[5] Aquela na qual todos os direitos foram eliminados, a perda da privacidade é total e a história é modificada ao sabor da vontade dos dirigentes. A obra *1984* de Orwell é uma leitura recomendável a todos aqueles que pretendem trabalhar no sentido de evitar a injustiça social.

Aprender pela pesquisa

Um primeiro destaque é necessário. O aprender pela pesquisa pressupõe que a atividade de ensino também é desenvolvida de acordo com essa perspectiva, em maior ou menor nível de profundidade. Ao adotar essa abordagem, o trabalho desenvolvido pelos agentes educacionais altera-se de forma significativa. São derrubadas as paredes que separam a sala de aula do exterior, quando o ambiente é presencial, e abrem-se diversas janelas para aquisição do conhecimento em outros ambientes (semipresenciais ou não presenciais).

A proposta altera, de forma mais ou menos significativa, dependendo da intensidade de utilização, as formas de ensinar e aprender. A interação entra em cena e assume uma importância ímpar no desenvolvimento das capacidades dos alunos. A recuperação do diálogo entre professores e alunos parece ser o grande prêmio. Nos dias atuais, nos ambientes tradicionais, esse relacionamento está em franca desintegração. Demo (2012) assinala a importância da efetivação dessa proposta.

Como fazer isso na ocasião do desenvolvimento do projeto instrucional? Criando condições para que os professores venham a montar grupos de pesquisa ou comunidades de prática (WENGER, 1998), onde possam desenvolver um trabalho de orientação ao aluno de forma diferenciada, que pode chegar ao limite do atendimento pessoal.

Aprender pelo erro

Essa metodologia tem sido tentada, mas ainda é encarada com receio. Qual o motivo? Em especial, as atitudes coercitivas de propostas educacionais voltadas para fazer todas as coisas com perfeição e as coerções colocadas sobre os erros cometidos pelas pessoas. Essas atitudes fazem que uma das estratégias inovadoras, a de aceitar a aprendizagem pelo erro, tenha sucesso nos ambientes educacionais. Há algum outro motivo? Sim. Ele reside no fato de que poucas são as pessoas que admitem o erro. De uma forma geral, as pessoas não o aceitam e menos ainda o reconhecem publicamente, reiterando a tentativa tantas vezes quantas forem necessárias até que o sucesso seja atendido.

Essa forma de encarar o fato está na base do insucesso que as pessoas têm quando é proposta a adoção de uma metodologia na qual encorajar erros é tido como uma estratégia educativa de valor. Aceitar a aprendizagem pelo erro é uma das maneiras de tornar a aprendizagem uma atividade possível de forma facilitada, sem sofrimentos desnecessários. Quando o erro é considerado algo vergonhoso, não se pode esperar que as pessoas aprendam com ele. Esse posicionamento está na base de grande parte do número de evasões em iniciativas educacionais. São muitas as falhas que os alunos encontram pelo caminho e que poderiam ser utilizadas de forma positiva.

Aprender fazendo

O destaque para a utilização dessa proposta é uma mudança de sentido. Parte-se da prática para a teoria, ou seja, aprende-se fazendo alguma coisa e, após terminá-la, observa-se a teoria que antecedeu a efetivação da prática. A abordagem privilegia a aprendizagem em contraposição a outras abordagens que privilegiam o ensino. Existem pesquisas indicadas por Ciampagna (2012) que apontam para uma lista muitas vezes citada que leva em consideração o fato de que a aprendizagem do aluno está relacionada com os sentidos. De acordo com os Laboratórios Nacionais de Formação (1977 apud CIAMPAGNA, 2012), a pessoa aprende:

- 20% do que vê;
- 20% do que ouve;
- 40% do que vê e ouve;
- 80% do que experimenta ou descobre por si mesma.

Em nível de projeto instrucional, essa inversão não é complicada, mas ela deve ser acompanhada, pelo menos em uma fase inicial de implantação, pelos responsáveis pelas atividades que o aluno desenvolve no ambiente virtual de aprendizagem. É uma proposta que faz o aluno interagir com o conhecimento e que facilita em processos seguintes a inclusão em seu perfil do hábito de, sempre que ficar perante um novo conhecimento, tentar reproduzir a forma como ele foi criado. As lições aprendidas são fixadas pelo aluno, o que confirma os dados da lista anteriormente referenciada.

Aplicação no projeto instrucional

O que foi apresentado neste capítulo foi considerado no estudo como um conjunto de ideias pedagógicas que envolvem recomendações levantadas como positivas em diferentes contextos. É um ponto no qual a atuação do professor e a do projetista instrucional podem influenciar a efetivação de cada uma delas. Se o que se deseja é incentivar a aprendizagem pelo erro, posso alterar o processo de avaliação proposto e colocar problemas cuja solução possa ser obtida por meio de uma interação de tentativas que podem apresentar erros. Assim, é possível proceder com cada uma dessas ideias. Essa é a principal razão pela qual elas estão colocadas como fatores externos ao projeto instrucional. Normalmente, essas ideias e autorização ou negativa para aplicação atuam como restrições ao projeto instrucional. Mas a sua execução depende da inserção de cada sugestão como uma atividade a ser executada.

Glossário

Estratégias educacionais – São propostas pontuais, adaptadas da observação do comportamento dos participantes de algum processo de ensino e aprendizagem, geralmente ligadas ao contexto. Elas são definidas em pontos abertos pelo projetista instrucional com a intenção de tornar o projeto instrucional mais flexível.

Ideias pedagógicas – Normalmente tidas como técnicas ou práticas que têm elevada funcionalidade, como cada uma das formas de aprender. Apesar de não compor uma teoria de aprendizagem, elas são comprovadas na prática, cujo conhecimento pode ser obtido nas pesquisas indicadas na atividade "Saiba mais" colocada no capítulo seguinte.

Multiculturalismo – Aceitação de pessoas com diferentes tipos de formação e culturas, o que inclui também componentes de minorias que normalmente são discriminadas.

Responsabilidade e autoridade social individual – Desafio colocado para as empresas contemporâneas como uma forma de sua integração com o meio ambiente e devolução para a sociedade de parte do que recebem.

Saiba mais

Consulte o tema no lado esquerdo da tabela e acesse o link na parte direita com os créditos. Caso encontre algum link quebrado, envie um e-mail para o autor que ele será reposto.

Tema	Referência de leitura/Link para artigos
Multiculturalismo	ONU/Unesco – Declaración de México sobre Educación en derechos humanos en América Latina y el Caribe. Ciudad de México, 2001. Disponível em: <http://www.centropoveda.org/IMG/pdf/mexicoDDHH.pdf>.
Responsabilidade e autoridade social	Autoridade como responsabilidade pelo mundo. Disponível em: <https://www.grupoa.com.br/revista-patio/artigo/10462/autoridade-como-responsabilidade-pelo-mundo.aspx>.
Pesquisas	Procurar por cada um dos temas tratados, efetuar uma pesquisa e montar o livro eletrônico, como indicado no anexo, ao final dos capítulos.

Questões de revisão

1. Quais atividades você sugere no projeto instrucional para efetivar o aprender a viver juntos e quais benefícios considera que isso traria ao ambiente?

2. Como as atitudes coercitivas em ambientes de aprendizagem limitam o desenvolvimento da proposta de aprender a aprender?
3. Cite alguns benefícios de sugerir uma abordagem de aprender pela pesquisa em sala de aula.
4. Quais benefícios você considera que possam ser obtidos em ambientes que utilizam a abordagem do aprender pelo erro?

10 OS AMBIENTES DE APRENDIZAGEM

Um dos erros possíveis de serem cometidos por instituições de ensino que oferecem processos educacionais, seja em instituições públicas ou particulares, é ter um modelo único e baixa flexibilidade para adequar a oferta de acordo com as características de um determinado público-alvo. É importante que o projetista instrucional conheça os tipos de ambientes mais trabalhados na sociedade contemporânea. É um conhecimento que se revela importante por poder ser considerado como um requisito colocado ao projeto instrucional.

O ambiente centrado no professor

Os ambientes centrados no professor prevaleceram desde o princípio dos estudos até bem pouco tempo atrás, quando os ambientes centrados no aluno surgem em cena. Esse ambiente está sob o crivo de um sem-número de críticas. As principais críticas levantam-se contra o excesso de ordem, estruturação fixa, autoritarismo, conservadorismo. Aquilo que é imposto pelos docentes, que muitas vezes são apenas porta-vozes da vontade da instituição de ensino, atuando como marionetes sujeitas a uma vontade maior, geralmente política, está acima de qualquer coisa. A vontade do aluno não conta. É um ambiente que favorece o surgimento de **atitudes coercitivas** que retiram a criatividade dos alunos e, na atualidade, a vontade de que eles deem continuidade aos seus estudos.

Além desse estereótipo do docente como transmissor de conhecimentos, nesses ambientes estabelece-se também outro estereótipo: o do aluno como receptor passivo. O aluno apenas registra e decora conteúdos, pois sabe que eles serão solicitados em avaliações punitivas. É contra esse ambiente que se contrapõe a maioria dos novos métodos de ensino e aprendizagem, que são extensivamente apresentados neste estudo e sobre os quais a sua opinião e o desenvolvimento de textos de reflexão são solicitados.

O ambiente centrado no aluno

Os ambientes centrados no aluno também são conhecidos como ambientes centrados na aprendizagem. A definição de "o que fazer" está centrada no estudante. Por essa razão, um dos capítulos iniciais deste livro procurou analisar a forma como o aluno aprende e a forma como o professor ensina. Há iniciativas nas salas de aula tradicionais não enriquecidas com a tecnologia onde se prega que essa linha é seguida, mas isso nem sempre se comprova. Transferir a forma de abordagem sem o concurso de nenhuma tecnologia subjacente pode trazer vantagens para os alunos, mas essas ações são mais comuns nos ambientes enriquecidos com a tecnologia, semipresenciais ou não presenciais.

Quando o aluno se transforma de **assistente passivo** em protagonista de seu processo de formação, a sua formação acontece com respeito às suas características pessoais. Há respeito ao ritmo de aprendizagem do aluno, a seu nível cognitivo, à liberdade para escolha de conteúdo, à escolha de locais e a horários de estudo e a todo um serviço de apoio, no qual o professor ocupa um papel de destaque: o orientador (*coacher*) responsável pelo acompanhamento ao aluno.

O ambiente centrado nos materiais

Esses ambientes são orientados de forma a inserir, no decorrer do texto, o diálogo e conversação com o aluno. A orientação do texto deve ser mais empática do que normalmente são os textos acadêmicos. A busca da empatia e de estabelecer a afetividade no processo de ensino e aprendizagem deve fazer parte do desenvolvimento do texto. Os textos tornam-se mais fluidos. A digitalização permite desvios na apresentação de cores e figuras. Mais recentemente, animações e vídeos se mesclam ao texto.

Nos primórdios da educação a distância, quando esse ambiente era levado aos seus extremos, essa modalidade ficou marcada como ensino por correspondência, o que não é de fato. A utilização de uma única linha de pensamento leva pesquisadores em educação a considerar que se está deixando em segundo plano todo planejamento, metodologia e uso de ideias pedagógicas diferenciadas que costumam acompanhar o projeto de cursos na atualidade.

O ambiente centrado na tecnologia

A utilização de ambientes virtuais de aprendizagem está totalmente apoiada na tecnologia e na mediação tecnológica. Nesses ambientes, a comunicação e a interação destacam-se apoiadas na evolução tecnológica das **telecomunicações**. Há grande possibilidade de que, ao se esquecer de outros aspectos e enfatizar a tecnologia, corra-se o risco da criação de ambientes tecnocráticos. A utilização da internet e das redes sociais é o principal apoio dado ao aluno. Normalmente, esses ambientes têm baixa atividade de tutoria de apoio ao aluno. Neles, pretende-se que a resposta para todos os problemas ou dúvidas esteja apoiada na tecnologia.

Podem acontecer processos de imersão, utilização de **sistemas especialistas, inteligência artificial** e **avatares** que conversam com os alunos. São elementos criados por atividades propostas com base no projeto instrucional do curso.

Em algumas iniciativas, a flexibilidade pode ser reduzida, e há uma tendência à utilização de tutoriais que se apoiam totalmente nos modelos de TBC – treinamento baseado em computadores. Nesses ambientes, o contato dos alunos com os professores é praticamente inexistente. Imediatamente após a montagem dos tutoriais e sua disponibilização, tudo mais fica por conta do aluno. É possível observar então que esses ambientes se contrapõem a ambientes centrados no aluno, onde essa atividade de comunicação é exigida como requisito para uma aprendizagem de qualidade. Moran, Masetto e Behrens (2013) consideram que a educação nesses ambientes necessita ser humanista e inovadora. Acima da tecnologia deve haver preocupação com o relacionamento entre professores e alunos.

O ambiente centrado na interação e participação

É um ambiente caracterizado pela interatividade. O único cuidado é fazer que seu excesso não venha a provocar problemas de sobrecarga laboral, emocional ou psicológica nos participantes. É possível ocorrer o mesmo fenômeno que acontece com o excesso de tecnologia: as pessoas podem atingir elevados níveis de estresse, por se verem diante de um volume de atividades que consideram acima de suas possibilidades. Nesses ambientes, o **sociointeracionismo** predomina, e atividades construtivistas parecem direcionar o aspecto didático e pedagógico. A comunicação estabelece-se como o principal meio de aquisição e divulgação de novos conhecimentos.

O fenômeno da **inteligência coletiva** tratado por Lévy (2007) é referenciado como uma das principais vantagens do ambiente. O **relacionamento interpessoal** predomina no ambiente, interliga e faz entrar em sintonia pessoas de um grupo, que pode incluir familiares, amigos pessoais, amigos de trabalho, amigos de estudo, todos integrados em algum objetivo comum. Esses ambientes podem extrapolar o ambiente restrito de cursos e se estender para fora deles, aproximando ainda mais as pessoas. Manter esse tipo de relacionamento com outras pessoas é de importância fundamental na sociedade contemporânea. Nela, os trabalhos apoiados na **cooperação** e **colaboração** assumem destaque e importância. Quando associados a um processo de disseminação intensivo, o ambiente torna-se um difusor de conhecimentos. O conceito de **organização aprendente** (quinta disciplina) estabelecido por Senge (2010) tem seu apoio e desenvolvimento com adoção dessa linha de raciocínio. A utilização do relacionamento interpessoal é extensiva.

O ambiente centrado no conhecimento

É um ambiente apoiado na proposta da solução de problemas. Há orientações que sugerem que o estudo seja desenvolvido do mais simples ao mais complexo, o que guia o ambiente na utilização de **objetos de aprendizagem** e no trabalho com um elevado nível de granularidade. Os projetos instrucionais crescem em importância quando desenvolvem essa proposta, mas é importante destacar que, apesar da orientação para a **heutagogia**, o trabalho dos professores é mais extensivo na preparação de ambientes que favoreçam o seu desenvolvimento, pelo menos nas fases iniciais da etapa de implantação do projeto instrucional. O processo de **avaliação formativa** é desenvolvido em pontos de inflexão no desenvolvimento do conteúdo, geralmente apoiada em etapas de desenvolvimento da solução dos problemas propostos. A avaliação somativa fecha o processo com a apresentação da solução final, não única e dependente do contexto, apresentada pelos grupos de trabalho.

É um ambiente no qual a **interdisciplinaridade** assume importância. Para que o aluno aprenda de forma eficaz, deve conhecer toda a matriz curricular, saber por que ela tem a orientação dada, o significado de cada unidade didática no curso e o relacionamento entre elas. É uma proposta atraente, mas o imobilismo acadêmico e em outras áreas pode prejudicar o seu desenvolvimento.

O ambiente centrado em processo de avaliação

Tudo o que acontece em ambientes que podem ser assim classificados gira em torno do processo de avaliação da aprendizagem. A principal recomendação é que ela não represente o final de um processo. A avaliação é o principal processo nessa abordagem. Passa a ter interesse a avaliação de todos os participantes. Assim são avaliados, com base nas ideias de Arétio (2007):

- a infraestrutura física, se existir;
- a tecnologia utilizada;
- a influência das interfaces;
- o comportamento da estrutura administrativa;
- o comportamento da estrutura didática e pedagógica;
- o comportamento da estrutura tecnológica;
- os materiais didáticos;
- as abordagens utilizadas.

Nada foge dos olhos da avaliação. Em expansão a essa proposta, a avaliação pode se estender para verificação do nível de atuação da instituição de ensino como um todo. Todos avaliam todos. Os formulários de avaliação circulam de forma livre no ambiente, e enquetes de respostas rápidas são adotadas. Apesar de tudo, a avaliação do aluno ainda tem destaque sobre o mesmo processo aplicado a todos os demais participantes, serviços e a própria instituição. Geralmente se apresenta como componente de um ambiente integrado. A sua aplicação de forma isolada pode restringir a ação educativa.

Todas as recomendações colocadas para qualquer ambiente inovador são: materiais diferenciados em múltiplos meios, uso extensivo de tecnologias de ponta, utilização livre e contextualizada de ideias pedagógicas aplicáveis de forma flexível a contextos variados. Tudo que possa apresentar resultados que venham a compor uma base de dados para aplicação da técnica de raciocínio baseado em casos, no desenvolvimento do projeto instrucional, é recomendado.

O projetista instrucional tem um trabalho extensivo no sentido de que deve propor todo o processo de avaliação apoiado em questionários, enquetes, em adição ao que já desenvolve normalmente nas atividades. A necessidade de uma documentação adequada aumenta em muito o trabalho no projeto instrucional. Tudo deve ser avaliado. Com base nas ideias de Arétio (2007), além da aprendizagem, é necessário mensurar:

- o alcance e a validade dos objetivos estabelecidos;
- a qualidade, atualidade, pertinência e relevância dos conteúdos;
- a efetividade das atividades propostas para concretização da teoria na prática;
- a abordagem educacional utilizada e as ideias pedagógicas aplicadas;
- os exemplos, imagens, vídeos, áudio e todas as tecnologias envolvidas.

Tudo o que foi desenvolvido teve em mente o objetivo de avaliação. A proposta tem aceitação, e é sobremaneira interessante apresentar a visão individual de cada participante sobre todo o processo, o que fornece subsídios para as próximas efetivações do processo.

O ambiente centrado em comunidades de aprendizagem

É outro ambiente que se encontra interligado a outros para formação de um ambiente integrado. As comunidades de aprendizagem são formadas por grupos de pessoas que se encontram, de forma eventual ou programada, em determinados contextos sociais, que podem ser presenciais ou virtuais. Essas pessoas, segundo Torres (2005), formam uma comunidade organizada, que constrói e se envolve em projetos educativos e culturais próprios para educação particular de seus participantes, que podem ser crianças, jovens, adultos envolvidos em um **esforço endógeno**, cooperativo e solidário. Os projetos desenvolvidos têm o principal objetivo de atender às necessidades comuns apresentadas por seus participantes.

O conceito não é originário da área educacional, mas a ela é aplicado com sucesso registrado em iniciativas pontuais. A todo momento essas comunidades são criadas e envolvem comunidades religiosas, comunidades interessadas em preservação cultural e toda uma diversidade de outros objetivos. Elas formam uma rede sustentável. Quando o conceito é aplicado com base nas recomendações de algum projeto instrucional, ele permanece o mesmo, porém com alteração de sua definição para adequação ao campo educacional. Assim, as comunidades de aprendizagem referem-se a um grupo de pessoas que se comunicam de forma síncrona ou assíncrona e seguem uma determinada linha de ação voltada para aquisição de conhecimento em área específica.

O acesso às redes sociais e a utilização extensiva de **microblogs** e de outros **blogs** e sites pessoais são características desses ambientes. Colocado dessa forma, fica mais fácil compreender sua utilização em ambientes integrados, nos quais o destaque é a interação extensiva, que costumam levar a entradas diárias dos participantes.

Há todo um envolvimento do aluno, o que facilita a motivação e a manutenção de seu interesse até que o projeto (no caso, a conclusão do processo educacional em foco) chegue ao seu final, um dos grandes objetivos para efetivação da **aprendizagem ativa**.

O conhecimento é tido e valorizado como um processo de construção social, na qual a aprendizagem acontece de forma individual. É um aspecto que orienta o ambiente para a utilização do **conectivismo** como teoria de aprendizagem de apoio. A atuação do professor chega ao limite da proposta de orientador profissional, o que leva à adoção do *coaching* **educacional** como proposta de atuação desse profissional. A redução da **distância transacional** é efetiva. O diálogo e a interação são extensivos e intensivos. No projeto instrucional, a orientação para a ocorrência dessa situação dá-se na criação de uma comunidade particular ou utilização de outras redes já existentes.

Os ambientes integrados

Os ambientes integrados são aqueles criados a partir da junção de conceitos e características provenientes de mais de um ambiente, para configuração de um novo, que pode adotar novas características diferenciadas, devido à possibilidade de alguma sinergia ser criada. Na grande maioria, os ambientes educacionais são ambientes integrados que utilizam a mescla daqueles discutidos até o momento.

Classificações complementares

Existem outras taxonomias possíveis. Elas podem interessar no tratamento de acordo com alguma proposta específica. Elas não são tratadas de forma detalhada neste material, mas, para o professor e projetista instrucional, pode interessar uma visão geral sobre elas. Os ambientes educacionais podem ser analisados com relação ao contato entre o professor e o aluno como ambientes presenciais, semipresenciais ou não presenciais. Com relação ao tipo de educação, os ambientes podem ser classificados como ambientes formais, não formais e informais.

Com relação ao conteúdo, ele pode ser apoiado em um único meio tecnológico (impresso, fitas de áudio, fitas de vídeo, DVDs e outros) ou em diversos meios. Podemos ter as classificações mais diversas, que são capazes de determinar restrições para o que o professor e o projetista instrucional podem utilizar no projeto.

Recomendações

Esta é uma das áreas que mais influenciam o projeto instrucional. Se, por exemplo, a pretensão for desenvolver trabalhos em um ambiente centrado no professor, diversas considerações e ideias pedagógicas – que poderiam ser aplicadas por existirem condições técnicas para utilização – são colocadas como restrição. Os ambientes centrados na avaliação aumentam o trabalho do professor e do projetista instrucional. Nessa abordagem, deve ser definida toda uma série de documentos que normalmente não são utilizados em outros ambientes. Não é comum a adoção de um ambiente sob um único enfoque; geralmente a combinação ocorre de forma sinérgica para construção de ambientes integrados. Cada um deles tem características particulares que, quando são colocadas juntas, podem sugerir novas atividades.

Glossário

Aprendizagem ativa – Estratégia educacional que reúne um conjunto de práticas pedagógicas desenvolvidas em sala de aula, independentemente de seu formato, onde o aluno não mais participa somente como um receptor do conteúdo. A proposta é que ele aprenda de verdade e busque o conhecimento por conta própria.

Assistente passivo – Papel do aluno em ambientes tradicionais, centrados no professor, onde o aluno apenas recebe conteúdo sem nada questionar.

Atitudes coercitivas – Medidas punitivas quando não acontece o aproveitamento que o professor espera, nem sempre o mais adequado às condições cognitivas de um ou mais dos participantes em iniciativas educacionais.

Avaliação formativa – Aquela que ocorre durante o desenvolvimento de um processo educativo; ela sucede a avaliação diagnóstica que posiciona o nível cognitivo dos alunos e antecede a avaliação somativa, na qual se mede o conhecimento adquirido pelo aluno.

Avatar – Quando utilizado nos ambientes informáticos e educacionais, o termo tem como significado figura semelhante ao usuário, criada para que ele possa personalizar sua atividade no interior de redes ou de processos.

Blogs – São as páginas pessoais que uma pessoa coloca na grande rede e que registram, em formato histórico, um conjunto de atividades desenvolvidas por cada um.

Coacher – Em um processo de *coaching* educacional, é a parte de quem ensina (o instrutor), cuja experiência profissional é colocada a serviço do desenvolvimento do aluno.

Coaching educacional – Atividade que envolve duas pessoas ou entidades, em que uma delas tem interesse e missão de ensinar e a outra tem interesse e objetivo de aprender e formar competências e habilidades em determinado tema de estudo ou expertise profissional.

Colaboração – Atividade desenvolvida em grupo anteriormente acordada e com objetivos específicos.

Conectivismo – Teoria de aprendizagem que estuda a influência das redes sociais em educação e destaca a aprendizagem como atividade individual, mas apoiada no conhecimento e na participação de terceiros para a construção do conhecimento.

Cooperação – Atividade considerada similar à colaboração. Mas os dois conceitos são diversos. Na cooperação, uma pessoa resolve, por conta própria, auxiliar outra pessoa ou grupos de pessoas, sem participar de nenhum reconhecimento ou recompensa.

Distância transacional – Moore (2002) define o conceito de distância não mais como separação geográfica entre os participantes de alguma iniciativa educacional, mas sim como a quantidade de diálogo que eles mantêm. Baixo nível de diálogo e interação: grande distância. Alto nível de diálogo e interação: pequena distância. A essa distância o pesquisador dá o nome de distância transacional. A recomendação é anular essa distância com o aumento da quantidade de diálogo.

Esforço endógeno – Aquele que vem do interior da pessoa para fora, a fim de superar desafios impostos pelo meio ambiente externo.

Heutagogia – Situação na qual a aprendizagem independente alcança seu maior grau, quando o participante de um processo educacional qualquer atinge total independência em relação ao orientador responsável pela avaliação do processo.

Inteligência artificial – Tida como o ramo da ciência da computação que se propõe a levar os computadores ou máquinas a simular a capacidade humana de raciocinar e tomar decisões, expectativa questionada por muitos educadores e sempre recebida com reservas na comunidade educacional.

Inteligência coletiva – O processo que acontece quando um grupo de pessoas com diferentes níveis de conhecimento, trabalhando em rede, apresenta um aumento no conhecimento individual de cada uma delas, com relação ao início do processo, como resultante da interação com os demais participantes do ambiente.

Interdisciplinaridade – A integração entre diferentes disciplinas que têm solução de continuidade em aspectos básicos, cuja potencialidade é geralmente ignorada nos ambientes educacionais, ainda que seja desejada como forma mais indicada de superação da compartimentalização da educação.

Microblog – Rede social que utiliza mensagens curtas que colocam em contato pessoas ou grupos de pessoas interessadas na discussão de algum tema comum.

Objetos de aprendizagem – Pequenos pedaços que ainda representam um conhecimento, resultantes da divisão do mais complexo ao mais simples de uma ideia, e a utilização de diversas mídias e atividades para que esse conhecimento seja adquirido pelos participantes de processos educacionais.

Organização aprendente – O conceito colocado por Senge (2010) quando estuda a quinta disciplina indica que o conhecimento adquirido por uma pessoa ou grupo de pessoas é disseminado por toda a empresa. É uma situação desejável à qual devem ser dadas condições de acontecer no ambiente.

Relacionamento interpessoal – Relacionamento que as pessoas têm umas com as outras no sentido de criar um processo de comunicação que seja benéfico para cada uma, de acordo com o interesse do grupo, da empresa ou individual.

Sistemas especialistas – São sistemas que registram o conhecimento especialista de um determinado profissional ou existente em uma determinada comunidade de usuários. O conhecimento registrado fica disponível para consulta e solução de problemas similares.

Sociointeracionismo – O sociointeracionismo é definido por Moreira (2011) como a teoria de aprendizagem que se apoia inteiramente em atividades de interação nos ambientes em que a abordagem é utilizada. Considera-se por definição que a aprendizagem nesses ambientes se dá em contextos históricos, sociais e culturais.

Telecomunicações – O conjunto de todos os meios de comunicação criados pelos usuários e que servem para disseminação da informação na sociedade contemporânea. É um campo em constante evolução.

Saiba mais

Consulte o tema no lado esquerdo da tabela e acesse o link na parte direita com os créditos. Caso encontre algum link quebrado, envie um e-mail para o autor que ele será reposto.

Tema	Referência de leitura/Link para artigos
Inteligência artificial	O que é inteligência artificial? Disponível em: <http://www.tecmundo.com.br/intel/1039-o-que-e-inteligencia-artificial-.htm>.
Sistemas especialistas	Sistemas especialistas. Disponível em: <http://www.din.uem.br/ia/especialistas/basese.html>.
Coaching educacional	O que é *coaching* educacional? Disponível em: <https://www.sbcoaching.com.br/coaching/coaching-educacional>.
Objetos de aprendizagem	Curso Linux – módulo 4 – objetos de aprendizagem. Disponível em: <http://webeduc.mec.gov.br/linuxeducacional/curso_le/pdf/modulo4_baixar_impressao.pdf>.
Interdisciplinaridade	O que é interdisciplinaridade (livro de Ivani Fazenda). Disponível em: <https://bibliotecadafilo.files.wordpress.com/2013/11/fazenda-org-o-que-c3a9-interdisciplinaridade.pdf>.

Questões de revisão

1. Discorra sobre as características referentes ao papel do professor em ambientes centrados no aluno.
2. Analise a mudança existente nos ambientes EaD no que diz respeito à mudança de um enfoque voltado para o conteúdo para um enfoque voltado para a aprendizagem.

3. Quais as críticas sobre ambientes centrados na tecnologia e quando sua utilização isolada é recomendada?
4. Analise e questione os ambientes apoiados em comunidades.
5. Analise e questione os ambientes apoiados em avaliação.

11 A TECNOLOGIA EDUCACIONAL

A opção pela utilização das tecnologias não parece ser mais uma opção. No contexto em que transcorre nossa vida, para qualquer lado que olhemos, estaremos imersos de alguma forma na utilização da tecnologia. No ambiente educacional, sua utilização é extensiva.

A tecnologia

É definida como o conjunto de conhecimentos e habilidades aplicados de forma lógica e ordenada para permitir que os seres humanos modifiquem o ambiente em que vivem para atender a suas necessidades. Ou seja, é um processo combinado de pensamento e de ação, a fim de criar soluções úteis e que trazem maior conforto. Ela responde ao desejo e à vontade que temos de transformar o nosso ambiente, o mundo em torno de nós, na busca de novas e melhores maneiras de satisfazer nossos desejos. A motivação é a satisfação de necessidades ou desejos, a atividade é o desenvolvimento, projeto e implantação, e o produto resultante são bens e serviços, ou os métodos e processos que se incorporam à cultura do ser humano.

A tecnologia educacional

Corresponde à aplicação da tecnologia ao ambiente de ensino e aprendizagem. De uma forma geral, a utilização da tecnologia educacional permite facilitar e ampliar o processo de comunicação, hoje falho entre alunos, professores e a instituição de ensino superior. Essa proposta recebe a designação de efetivação da **presença social** e responde a uma das teorias de aprendizagem que deram suporte ao processo nos primórdios da educação a distância: a **teoria da conversação didaticamente guiada**. Considera-se que, com sua utilização, torna-se possível engajar e motivar o aluno a ter uma comunicação mais intensa no ambiente. Na atualidade, sua utilização intensifica-se e, da mesma forma que a sociedade se coloca como dependente das tecnologias, os ambientes de ensino e aprendizagem também colocam-se como dependentes das tecnologias educacionais.

O surgimento de processos de **alfabetização digital** está cada vez mais presente. A falta de qualificação de professores e alunos é uma das grandes causas não somente da desistência de alunos, que é elevada nessas condições, mas também da perda da qualidade. O processo de **globalização** e a evolução das **políticas neoliberais** afetam a situação cultural em diversos contextos.

O projeto instrucional deve acompanhar essa tendência e propor a utilização extensiva nas atividades a serem desenvolvidas. Assim, um projeto instrucional deve propor:

△ domínio e técnica das tecnologias mais comumente utilizadas;
△ conhecimento prático e restrito sobre hardware e software;
△ conhecimentos e habilidades específicas que permitam efetuar busca, armazenamento e recuperação de informações;
△ utilização de forma didática das NTICs – novas tecnologias da informação e da comunicação.

O projeto instrucional pode propor a inserção de tutoriais e sugerir a utilização extensiva de metadados. Eles são de uso geral e não se referem a nenhum curso específico.

Glossário

Alfabetização digital – O nivelamento do conhecimento sobre as novas tecnologias da informação e da comunicação está posto como um desafio na sociedade contemporânea e pode inserir socialmente e permitir uma comunicação mais eficiente entre as pessoas que a ela se submetem.

Globalização – É definida por Chesnais (2005) como a somatória de um conjunto de transformações que aconteceram em nível mundial, o qual criou aspectos padronizados nas áreas econômica, social, cultural e política. O mundo recebe a designação de aldeia global, onde todos se parecem com todos e se vive uma mesma falsa realidade, não importa a localidade em que se vive e trabalha.

Políticas neoliberais – Breadley e Luxton (2010) consideram que as políticas neoliberais representam um estado de desregulamentação das economias e transferência de responsabilidades governamentais para o setor privado, que se infiltrou no tecido social e sobrevive, ainda que provoque estados graves de instabilidade social. A expansão do capital toma o lugar da expansão social. A política do lucro fácil torna difícil a vida das pessoas.

Presença social – Corresponde ao aumento do nível de participação da instituição de ensino e dos professores e tutores na vida do aluno, facilitando o processo de engajamento do aluno nas propostas de melhoria de qualidade educacional.

Teoria da conversação didaticamente guiada – Conforme estabelecida por Holmberg (2015), considera que, ao aumentar o diálogo e a interação social dos demais agentes, cria-se no aluno a sensação de "pertencer a algo", o que facilita seu engajamento e efetivação de uma participação mais ativa no processo de ensino e aprendizagem.

Saiba mais

Consulte o tema no lado esquerdo da tabela e acesse o link na parte direita com os créditos. Caso encontre algum link quebrado, envie um e-mail para o autor que ele será reposto.

Tema	Referência de leitura/Link para artigos
Alfabetização digital	Alfabetização digital: mais que um conceito, uma necessidade. Disponível em: <http://cmais.com.br/educacao/educacao-em-foco/educacao-e-tecnologia/titulo-58>.
Tecnologia e sociedade	Entrevista com Andrew Feenberg. Disponível em: <http://www.scielo.br/scielo.php?script=sci_arttext&pid=S1678-3166200900010009>.
Tecnologia educacional	O uso das tecnologias da informação e comunicação na prática pedagógica da escola. Disponível em: <http://www.diaadiaeducacao.pr.gov.br/portals/pde/arquivos/1381-8.pdf>.

Questões de revisão

1. Relacione tecnologia educacional e novos ambientes de aprendizagem.
2. Relacione a tecnologia educacional com a melhoria do relacionamento professor × aluno.
3. Analise a importância da efetivação da presença social junto ao aluno nos ambientes enriquecidos com a tecnologia.
4. Analise e coloque sua visão de que atividades deveriam ser desenvolvidas com cuidado nos ambientes de grandes salas de aula.
5. Relacione mobilidade e educação.

12 OS AMBIENTES DE OFERTA POSSÍVEIS

Para que possamos situar as "melhores práticas" possíveis de serem desenvolvidas em cada ambiente de oferta de iniciativas educacionais, mostra-se necessária a utilização de alguma taxonomia aplicada. Antes de definir essa **taxonomia** como é de interesse do estudo, segundo o tipo de ambiente (presencial, semipresencial e não presencial), é importante ter maiores informações sobre o que é um ambiente educacional.

Gonzáles (2007) considera que na sociedade atual existem três espaços socioculturais, que ele define como ambientes de aprendizagem. Neles, podem ocorrer a **educação formal, educação não formal, educação informal** e **educação aberta** (ou difusa). O autor enxerga uma segunda divisão, em que esses espaços podem ser desenvolvidos em iniciativas presenciais, semipresenciais e não presenciais. Com base nessas considerações iniciais, podemos entrar na taxonomia proposta.

Ambiente enriquecido com a tecnologia

Ambientes enriquecidos com a tecnologia podem estar em localidades físicas ou dispersos em espaços virtuais criados pela expansão das grandes redes. Esses novos ambientes são parte integrante do que Lévy (2009) considera como **cibercultura**. O autor define essa nova cultura como aquela que emerge da utilização dos ambientes virtuais para aprendizagem, comunicação, entretenimento e **comércio eletrônico**. É uma nova cultura que nasceu da aplicação das novas tecnologias da informação e da comunicação na vida social. Nesses locais, os novos espaços educacionais definem-se como aqueles que utilizam um processo de **comunicação síncrona** e **comunicação assíncrona** extensiva, com interação multidirecional desenvolvida entre os agentes educacionais envolvidos. Ben-Rabi et al. (2012) apontam um conjunto de características para esses ambientes:

- professores podem postar, editar e disseminar materiais de forma rápida e fácil;
- alunos podem obter, enviar e disseminar materiais de forma rápida e fácil;
- ocorre extensa interação em todas as direções ("muitos-para-muitos") entre os agentes educacionais envolvidos;
- os cursos apoiam-se em projetos instrucionais desenvolvidos por equipes multidisciplinares;
- há privilégio ao acompanhamento da aprendizagem do aluno do que com relação ao fornecimento de conteúdo;
- há orientações seguras para que os participantes não se vejam perdidos no ciberespaço;
- todas as interfaces desenvolvidas são amigáveis;
- as tecnologias de ponta são utilizadas de forma extensiva.

O ambiente presencial

Na atualidade, os ambientes educacionais presenciais, em sua visão tradicional, estão sob o crivo de uma série de críticas. Aquela que parece mais sensível considera que a manutenção de formas de aprender que apenas reproduzem o conhecimento, em ambientes centrados no professor, com destaque para o ensino, não mais consegue sensibilizar e agradar aos alunos. A consequência é lamentável e provoca um desgaste no relacionamento entre professores e alunos, que não mais conseguem manter um diálogo e conversação. Parte dessa sensação é decorrente do surgimento de novos ambientes, nos quais as facilidades de acesso e a mobilidade proporcionada por novos ambientes estabelecidos no virtual começam a ganhar a preferência dos alunos. Há uma modalidade, que será tratada neste capítulo, que poderá substituir a educação presencial tradicional (*b-learning*). Como evolução dessa modalidade, a educação a distância, bem como seu conceito tradicional, sofre modificações e transforma-se em modalidade de presença conectada, um eufemismo ao gosto nacional, e evolui para o *e-learning*, *m-learning* e *u-learning*, estudados nos próximos parágrafos.

Educação a distância

Surgiu como qualquer iniciativa educativa em que professor e aluno não estão presentes em um mesmo ambiente. É a definição mais simplificada que se pode obter, ainda que possa sacrificar um conteúdo adicional que será apresentado nos próximos parágrafos. Durante muito tempo, ela foi confundida com a educação por correspondência. Quando grandes universidades iniciaram, por exigências do mercado, o envio de materiais em diversos meios e diferentes formas de acompanhamento, seu descrédito exigiu estudos complementares, desenvolvidos nos centros europeus e norte-americanos que definiram teorias de aprendizagem para dar sustentação ao ambiente. A partir daí, e aos poucos, a modalidade ganha respeito e passa a ser acreditada como uma modalidade educacional capaz de proporcionar a mesma qualidade, ou qualidade superior, por ocupar mais tempo do aluno, com relação às iniciativas desenvolvidas nos ambientes presenciais.

A presença conectada

Quando chega ao Brasil, a educação a distância ganha um nome particular somente utilizado em nosso país: a presença conectada. A modalidade da presença conectada trabalha com polos de apoio presencial, nos quais o aluno assiste à aula enviada por sinal *broadcasting*. O primeiro grande problema foi centrado na formação de tutores. Esses profissionais podem ser considerados o sustentáculo para a EaD, dada a forma como foi desenvolvida em seu início. Após diversas investidas dos órgãos reguladores contra esse aspecto, parece que na atualidade esses cursos são normais e exigidos para todas as pessoas que vão trabalhar com essa função.

O segundo problema, surgido na mesma época, mas resolvido na sequência, após uma queda de braço entre as instituições de ensino e os órgãos reguladores (vencida por estes últimos), foi uma questão referente à qualidade dos

polos de apoio presencial, que no início era falha. Com o decorrer do tempo, a visita de avaliadores nos polos parece ter resolvido o problema, pelo menos nos que foram visitados.

Na atualidade, parece que a modalidade navega em águas mais calmas, com os problemas sendo resolvidos à medida que surgem. A interferência dos órgãos reguladores vem diminuindo. Parte dessa situação decorre de novas formas de ensinar e aprender sugeridas pela evolução das tecnologias da informação e comunicação. Elas trazem novos modelos e passam a ser aceitas em determinadas condições, como o desenvolvimento do estudo independente e a divisão da responsabilidade da aprendizagem com o aluno surgindo como corresponsável.

B-learning

No início da evolução da EaD, os órgãos reguladores propuseram para as instituições de ensino que oferecessem a modalidade inicialmente intramuros. Houve liberação de 20% da carga horária dos cursos. Não houve preparação dos alunos, nunca consultados, e somente após a efetivação do *b-learning*, quando se aliou a outras metodologias, a modalidade passou a ser considerada como crível.

A sigla *b-learning* (*blended learning*) tem como tradução aprendizagem mista ou aprendizagem híbrida, além de outras conotações. Porém, é mais conhecida no seu original. Na atualidade, há algumas universidades utilizando esse modelo com sucesso. A agregação de outros métodos, tais como a aprendizagem baseada em problema e outras que serão vistas na sequência, começa a tornar o método atraente para as instituições de ensino.

O principal problema a enfrentar é a preparação dos professores para aquisição de conhecimentos sobre a tecnologia educacional, desenvolvimento de projetos instrucionais e novas formas de comunicação com o aluno. Ainda não há uma cultura inserida no perfil dos professores acostumados ao trabalho no presencial. São eles que devem ser encarregados de trabalhar as suas disciplinas nessa modalidade e com as alterações de metodologia.

Para muitos, não será uma atividade fácil. No início do trabalho de alguns desses professores na educação a distância, o caminho a percorrer foi trabalhoso. Espera-se que essas iniciativas tenham um acompanhamento direto que permita estabelecer novas competências e habilidades na área. É possível considerar o *b-learning*, mantidas as devidas reservas, como a modalidade educacional do futuro. Nesse modelo melhorado, não mais deverá existir diferenciação entre a educação nos ambientes presenciais e a educação a distância. É uma proposta a conferir.

E-learning

O *e-learning* (*electronic learning*), traduzido como aprendizagem eletrônica, caracteriza uma nova forma de encarar a EaD, com o surgimento das salas de aula eletrônicas. O *e-learning* pode apresentar cargas variáveis divididas entre atividades presenciais eventuais, atividades de presença conectada síncrona no ambiente on-line, atividades independentes e avaliação também de forma síncrona e com supervisão.

Muitas experiências preveem um processo de imersão total nos ambientes virtuais. É claro que, nesses casos, é colocado à disposição do aluno todo um aparato de comunicação que utiliza tecnologias de ponta e permite comunicação multidirecional. O contato on-line de forma síncrona ou assíncrona com atendimento tutorial pode ser parte integrante da estrutura oferecida. Dessa forma, você pode observar que existem diversas possibilidades a serem desenvolvidas. A aprendizagem independente, com tendência para heutagogia, assume um lugar de destaque nessa modalidade. O conectivismo é sugerido como teoria de aprendizagem que dá suporte à utilização de novos métodos. A interferência das mídias sociais no processo de educação é intensiva. Os resultados apresentados em algumas experiências são satisfatórios e atendem às expectativas, quando o desempenho individual dos agentes educativos é alto. É a modalidade utilizada nos Moocs e na educação aberta.

M-learning

O *m-learning* (*mobile learning*), traduzido como aprendizagem móvel, tem o mesmo significado que o *e-learning*, quando o participante utiliza seu **smartphone**, **tablet** ou qualquer outro dispositivo móvel. Embora o significado seja similar ao conceito do *e-learning*, as consequências ou algumas formas de desenvolvimento podem vir a sofrer alterações provocadas pela conectividade total que o aluno tem com o ambiente. Um mesmo curso desenvolvido para os dois ambientes (*e-learning* e *m-learning*) pode ter projetos instrucionais diferenciados. Isso leva em consideração o fato de que a mobilidade pode levar o aluno a estudar e a aprender em localidades diferenciadas e com estado de ânimo diferenciado e adequado às condições do momento.

U-learning

Estar presente em todos os lugares e, o que é melhor, ao mesmo tempo. Parece alguma figura de retórica, algo voltado para convencer outras pessoas, mas se trata de uma ideia que chega perto de se tornar realidade com a computação móvel. Ser ubíquo é ter essa propriedade. Com seus *smartphones* e *tablets* em mãos, as pessoas podem sentir-se onipresentes. Os dispositivos móveis e as grandes redes de transmissão de dados resultantes da acelerada evolução das redes de informação e comunicação parecem conceder aos usuários essa sensação. Na realidade, essa modalidade nada difere do *m-learning* e recebe a designação *u-learning* (*ubiquitous learning*). O termo nada tem a ver com qualquer conotação esotérica ou teológica que o ligue a alguma seita. É apenas o atendimento a uma quase necessidade de assinalamento de siglas que chamem a atenção do usuário.

A utilização do termo pode dar destaque às questões de adaptabilidade de conteúdos aos alunos, de acordo com o dispositivo e a situação na qual o aluno se encontra em um determinado momento, facilidades essas possibilitadas pelo arsenal tecnológico que os programadores de aplicações têm em suas mãos.

Considera-se existir um ULE – *ubiquitous learning environment*, que nada mais é que o ambiente virtual de aprendizagem, tido agora como mais penetrante ou onipresente. A produção de materiais didáticos também recebe outro nome: ULM – *ubiquitous learning material*, definido como materiais transferíveis para dispositivos móveis via interligação entre equipamentos ou na forma de acesso a redes sem fio. A melhor forma de encarar essa abordagem é considerar que se trata do *e-learning* levado ao extremo, que visa dar ao aluno a possibilidade de aprender de forma totalmente independente, somente com acesso a materiais da forma como os deseja e configura. A interface permite o desenho do ambiente de acordo com o que o aluno deseja.

O tratamento no projeto instrucional

Neste ponto de fechamento da apresentação de um tema importante, podemos considerar que ao professor e ao projetista instrucional não é dada a oportunidade de escolha do melhor método. A infraestrutura e o modelo do ambiente normalmente já estão estabelecidos como algo a ser seguido pelo projeto. Perdem-se a flexibilidade e a oportunidade de adequar os conteúdos a meios mais favoráveis. Mas isso não impede nem restringe a utilização do projeto instrucional. Essa escolha é importante, mas é apenas um dos itens, não necessariamente o mais importante no conjunto de considerações que devem ser levadas em conta no desenvolvimento do projeto instrucional.

Uma vez determinados o modelo e a infraestrutura, com relação a esse aspecto, não há considerações complementares importantes para o projetista. Ele apenas vai acompanhar o modelo sugerido, mas ainda resta, se não estiver colocada como restrição, a adequação dos conteúdos às mídias escolhidas, opção que pode ser dada ao projetista e ao professor. Ainda assim, o projetista deve ter conhecimento de todos os modelos e, se tiver a oportunidade de escolha, terá maiores possibilidades de dar ao projeto a qualidade necessária.

O estudo comparativo dos ambientes pode facilitar a conversão entre modelos que, apesar de serem parecidos, podem exigir que as atividades sejam desenvolvidas de forma diferenciada. Essa observação refere-se mais às adaptações quando um mesmo projeto pode atender ao *e-learning* ou o *m-learning*, caso em que as atividades podem não ter a mesma funcionalidade nos dois ambientes.

Glossário

Cibercultura – Considerada como aquela que está presente na comunidade representada por todos os computadores interligados. É uma nova cultura, com novas formas de comunicação e regras de convivência.

Comércio eletrônico – A realização de compras e vendas diretamente no ambiente virtual. Inicialmente sob suspeita, rotinas de segurança, aos poucos, forneceram confiança, e hoje se desenvolvem de forma crescente.

Comunicação assíncrona – Aquela que ocorre sem a presença simultânea das pessoas. As mensagens são postadas e lidas em tempos diferentes.

Comunicação síncrona – Aquela que ocorre com a presença simultânea das pessoas. As mensagens são postadas e lidas ao mesmo tempo.

Educação aberta – Aquela que ocorre sem necessidade de comprovação de conhecimentos anteriores, não tem vestibulares, normalmente é gratuita – a menos que ofereça certificação – e na qual o aluno desenvolve a aprendizagem de acordo com seu ritmo próprio e características de aprendizagem individuais.

Educação formal – Aquela desenvolvida de acordo com determinadas regras e condições que devem ser seguidas por todos que compõem uma turma de estudo.

Educação informal – Aquela que acontece no dia a dia das pessoas, nas famílias e em outros grupos sociais.

Educação não formal – Aquela desenvolvida pelo aluno a partir de sua residência e caracterizada por ser pontual e atender a interesses específicos.

Polos de apoio presencial – Unidades descentralizadas para onde é enviado um sinal televisivo ou conteúdo e nos quais podem ocorrer ou não aulas presenciais. Atualmente são regulados e controlados com mão firme e estão sujeitos a uma legislação rigorosa para proporcionarem qualidade de ensino, ofertado na modalidade não presencial ou semipresencial.

Smartphones – São aparelhos de telefonia celular que integram acesso às redes sem fio, com sistemas operacionais próprios e que permitem executar as mesmas tarefas que são realizadas por computadores, com as restrições de armazenamento, velocidade de comunicação e outros aspectos que podem diferenciar esse aparelho dos tablets e computadores pessoais.

Tablets – São considerados como uma versão reduzida dos computadores pessoais, porém mais destinados a oferecer a mobilidade como elemento diferencial. Eles são utilizados para assistir a vídeos, jogos, acessar a internet e – por que não? – desenvolver o seu processo de aprendizagem, sem estar preso à necessidade de estar em algum local para poder estudar ou assistir a aulas.

Taxonomia – Qualquer tipo de classificação, baseada em critérios específicos, de acordo com características do elemento classificador.

Saiba mais

Consulte o tema no lado esquerdo da tabela e acesse o link na parte direita com os créditos. Caso encontre algum link quebrado, envie um e-mail para o autor que ele será reposto.

Tema	Referência de leitura/Link para artigos
Educação a distância	Educação a distância no Brasil: fundamentos legais e implementação. Disponível em: <http://www.abed.org.br/revistacientifica/Revista_PDF_Doc/2012/artigo_04_v112012.pdf>.
Ambientes enriquecidos com a tecnologia e educação aberta	*E-book* para consulta e cópia. Disponível em: <http://catedra.ruv.itesm.mx/bitstream/987654321/566/8/ebook>.
Blended learning	*Blended learning* e aprendizagem colaborativa no ensino superior. Disponível em: <http://www.ufrgs.br/niee/eventos/RIBIE/2004/comunicacao/com216-225.pdf>.

Questões de revisão

1. Questione a colocação dos ambientes educativos como espaços culturais.
2. Qual é a sua compreensão sobre os efeitos da cibercultura nas atividades educativas?
3. Compare, de forma resumida, os ambientes *e-learning* e *m-learning*.
4. Questione a colocação do *b-learning* como modalidade de educação do futuro.
5. Qual é a sua reação ao conceito de *u-learning*?

13 O AMBIENTE VIRTUAL DE APRENDIZAGEM

A evolução traz o surgimento dos ambientes virtuais de aprendizagem. Novas portas abrem-se para que a efetivação da educação com suporte da tecnologia educacional originasse novos métodos de ensino e aprendizagem e novos comportamentos e atitudes fossem exigidos, tanto dos professores quanto dos alunos envolvidos. Atuam como palavras-chave nesses ambientes: produção de materiais didáticos diferenciados; utilização de projetos instrucionais; formação diferenciada de professores e alunos em atividades de alfabetização tecnológica; ambientes centrados no aluno; uso de redes sociais em educação; trabalho desenvolvido em comunidades de prática; colaboração; cooperação; tantas outras manifestações didáticas e pedagógicas e uso de técnicas.

AVA: conceituação

O ambiente virtual de aprendizagem, deste ponto em diante, pode ser definido de forma mais aceitável, como a proposta defendida por diversos pesquisadores (McGREAL, 1998; BARBOSA, 2005; LITTO, 2010; PALLOFF; PRATT, 2004, e outros). Em praticamente todas as pesquisas sobre o tema é utilizado um enfoque tecnológico em detrimento de outras abordagens mais indicadas que levassem em consideração fatores sociais, culturais, psicológicos, econômicos e, por último, aspectos técnicos. Quando um aluno é imerso no virtual, ele enfrenta o que chamamos anteriormente de ecossistema humano educacional.

Em relação a aspectos técnicos, geralmente estáveis para cada tecnologia, o único conhecimento necessário é saber o que fazer e como fazer. Já os outros aspectos citados são mais complexos e são aqueles que na realidade definem a qualidade que o ambiente pode apresentar, com base no desempenho humano.

De acordo com a proposta de direcionar o estudo do ambiente virtual de aprendizagem com um enfoque social, não podemos deixar de destacar, nessa linha de pensamento, quais os elementos componentes dessa tecnologia educacional, como estudos:

- dos efeitos subjacentes à utilização da tecnologia educacional nas atividades de ensino e aprendizagem;
- voltados para o conhecimento necessário para o desenvolvimento dos trabalhos no ambiente, que orientam o nível de qualificação exigido dos participantes;
- que determinam como a instituição de ensino deve trilhar os caminhos abertos com sua ida para a virtualidade;
- sobre estilos de aprendizagem para que as facilidades tecnológicas possam ser mais bem aplicadas, no sentido de personalização do ensino oferecido, para que inovações possam acontecer na atividade de aprendizagem;
- que envolvem a análise e implantação de formas de contornar limitações de acesso para determinado grupo de participantes do curso;
- sobre as formas de garantir privacidade e direitos autorais de materiais publicados na grande rede;
- dos efeitos provocados pela "sala de aula eletrônica" sobre os participantes;
- das consequências provenientes da mobilidade e ubiquidade indicadas como uma futura predominância dos modelos de oferta de educação on-line.

Um dos elementos mais profícuos para que sejam obtidos resultados para esses estudos, considerados como componentes da decisão de adotar o ambiente virtual de aprendizagem, para que a instituição de ensino possa ampliar o leque de atendimento para fora de seus muros, é a realização de enquetes e questionários, além de utilização de um fórum de discussões. Tudo isso deve ser completado por um acompanhamento de cada um desses aspectos sociais envolvidos na atividade de ensino e aprendizagem. É um processo de avaliação desenvolvido sob outro foco, que não envolve qualquer análise de infraestrutura ou de aproveitamento do aluno.

Ação do projetista

Em termos de projeto instrucional, há pouco a fazer. Normalmente, a escolha do gerenciador que implanta e controla o ambiente virtual já está definida quando o projeto instrucional é solicitado. O projetista pode interferir nessa fase de escolha de **fatores ergonômicos** que são resultantes do nível da **interface gráfica** a ser utilizada em seus aspectos visuais e de usabilidade.

A interação entre o gerenciador que estabelece o campus virtual e o projeto instrucional é mais efetiva e será detalhada no próximo capítulo. Todo o processo de comunicação e interação estabelecido no projeto instrucional está na dependência das características oferecidas por esse produto, que é o que determina as restrições a serem levadas em consideração no desenvolvimento do projeto.

Glossário

Fatores ergonômicos – Influenciam de forma decisiva o desenvolvimento de interfaces gráficas. A área em foco é a ergonomia de concepção que trabalha com a elaboração de novos produtos, processos ou sistemas informatizados. Segurança, funcionalidade e usabilidade são os aspectos de destaque. A sua principal função é a adaptação do trabalho ao homem. Cybis, Betiol e Faust (2007) caracterizam a ergonomia como um conjunto de conhecimentos científicos relativos ao homem e necessários à concepção de instrumentos, máquinas, dispositivos que passam a ser utilizados com o máximo de conforto, segurança e eficiência. Tornar a navegação agradável e funcional é um requisito fundamental quando se trata de manipulação da relação homem × máquina.

Interface gráfica – A interface gráfica surge no mundo dos computadores nos idos da década de 1980 e logo foi colocada como responsável pela evolução na sua utilização ao substituir a escrita de comandos em linhas de texto por imagens que, ao serem clicadas, desenvolviam as mesmas funções. Daí para a frente se estabeleceu uma área de estudos. Andrade (2003) considera não ser mais possível desenvolver produtos e sistemas para ambientes virtuais sem a concorrência dessa importante área de conhecimento. Existem fatores psicológicos e emocionais e estudos sobre o efeito da cor, do tempo de resposta, das formas de navegação. Todos esses aspectos fazem parte de uma interface gráfica, mas o fator de maior importância é a usabilidade. O que importa é que tanto o professor como o projetista tenham conhecimentos, preferencialmente aprofundados, sobre o produto que a instituição de ensino vai utilizar. Assim poderão adequar todas as atividades e materiais produzidos ao aparelhamento tecnológico disponível.

Saiba mais

Consulte o tema no lado esquerdo da tabela e acesse o link na parte direita com os créditos. Caso encontre algum link quebrado, envie um e-mail para o autor que ele será reposto.

Tema	Referência de leitura/Link para artigos
Interfaces gráficas	Interfaces usuário-máquina. Disponível em: <http://sistemas.riopomba.ifsudestemg.edu.br/dcc/materiais/1618984280_Apostila-Interfaces-Homem-Maquina.pdf>.
Usabilidade de interfaces gráficas	Critérios e requisitos para avaliação da usabilidade de interfaces em groupware – CSCW. Disponível em: <http://www.dca.fee.unicamp.br/courses/IA368F/1s1998/Monografias/morandini.html>.
VLE – Virtual learning environments	Virtual learning environments. Disponível em: <http://tecfa.unige.ch/tecfa/publicat/dil-papers-2/Dil.7.5.18.pdf>.

Questões de revisão

1. Analise em que medida, no seu entendimento, os ambientes virtuais de aprendizagem podem influenciar na educação.
2. Procure conceituar com suas próprias palavras um ambiente virtual de aprendizagem.
3. Em quais principais fatores sociais você apoiaria a escolha das características de um ambiente virtual de aprendizagem?
4. Qual a relação entre desempenho humano × ambientes virtuais de aprendizagem?
5. O que você entende por sala de aula eletrônica e como imagina sua influência sobre a educação?

14 OS SISTEMAS DE GERENCIAMENTO DE CONTEÚDO E APRENDIZAGEM

Os sistemas de gerenciamento de conteúdo e aprendizagem surgiram e foram sendo aperfeiçoados até o **estado da arte**, no qual se considera que eles reproduzem no ambiente virtual todas as atividades desenvolvidas no campus presencial. Assim, considera-se que eles simulam a metáfora de um campus virtual.

Os sistemas de gerenciamento de conteúdo e aprendizagem (SGCAs)

Neste documento, vamos nomear esses sistemas como SGCAs – sistemas de gerenciamento de conteúdo e aprendizagem –, desenvolvidos pela instituição de ensino, comprados na forma de softwares proprietários, utilizados na modalidade de *shareware* sem a posse das fontes dos programas ou baixados da internet com as suas fontes, na forma de **software aberto**. Essas fontes podem ser modificadas, e pedaços do código podem ser aproveitados em outros sistemas. Eles criam uma localidade na grande rede, normalmente em uma nuvem, onde residem as ligações para os conteúdos e para localidades nas quais são desenvolvidas as atividades on-line ou alguma forma de colaboração. Avisos e áreas de transferência são controlados.

Componentes de um SGCA

Em um sistema de gerenciamento de conteúdo e aprendizagem, existem alguns componentes comuns, que compreendem a área de:

- calendário;
- recursos de aprendizagem;
- recepção de trabalhos;
- lazer e recreação (salas de leitura e outros recursos);
- comunicação de grupos;
- acesso a ligações externas (redes sociais, comunidades de aprendizagem, bibliotecas virtuais e outras);
- desenvolvimento de pesquisas;
- Wiki para trabalhos colaborativos;
- avisos e comunicações gerais e particulares;
- avaliação formativa e somativa;
- enquetes e questionários voltados para captação do grau de satisfação dos participantes;
- sincronia com atividades off-line;
- acompanhamento de atividades e análise de desempenho;
- estatísticas e relatórios gerenciais;
- localização de objetos de aprendizagem;
- qualificação;
- acompanhamento acadêmico;
- atendimento tutorial.

Cada uma dessas áreas tem seu significado e diversos outros componentes; o projetista deve estar atento a todas. É recomendável que tudo o que ocorre em seu interior esteja fartamente ilustrado por **metadados** e **rotas de aprendizagem**.

O papel do projetista no SGCA

Em termos de recomendações para o projetista e o professor, não lhes resta muita escolha. Normalmente, quando são chamados a intervir, o sistema de gerenciamento de conteúdo e aprendizagem já está escolhido. Mas conhecer as suas facilidades e utilizá-las para implantar estratégias didáticas e pedagógicas é importante. Por exemplo, se se quer trabalhar na perspectiva do conectivismo, o sistema deve apresentar a possibilidade de saída e integração com as redes sociais. Dessa forma, a cada estratégia proposta, alguma facilidade é necessária. Se tanto os projetistas quanto os professores conhecem bem o sistema de gerenciamento utilizado, eles terão maiores facilidades de se apropriar das vantagens de suas ferramentas em benefício de uma educação de maior qualidade.

Glossário

Estado da arte – Ponto de desenvolvimento em que uma área do conhecimento se encontra na atualidade e que representa o estado no qual tudo o que a tecnologia existente permite.

Metadados – São um conjunto de dados que explicam um determinado dado, tornando-o mais claro para uma comunidade de pessoas interessadas e que participam de alguma atividade educacional.

Rotas de aprendizagem – Caminhos definidos em tempo de projeto instrucional e que orientam o aluno sobre quando as atividades devem ser desenvolvidas em uma sequência logicamente estabelecida que pode ou não ser alterada pelo aluno.

Shareware – São programas que apresentam funcionalidade total ou parcial por tempo determinado e que devem ser comprados após aprovação pelo usuário interessado (no caso do *freeware*, são gratuitos).

Software aberto – Aquele colocado à disposição dos usuários como resultado do trabalho de uma comunidade de usuários e que pode ser alterado desde que sejam mantidos os créditos. São colocados à disposição sem custo e alguns deles apresentam elevada funcionalidade e qualidade.

Saiba mais

Consulte o tema no lado esquerdo da tabela e acesse o link na parte direita com os créditos. Caso encontre algum link quebrado, envie um e-mail para o autor que ele será reposto.

Tema	Referência de leitura/Link para artigos
Ambientes virtuais de aprendizagem	Ambientes virtuais de aprendizagem. Disponível em: <http://www.apoioaoprofessor.com.br/unidades/ambientesvirtuaisdeaprendizagem/index.html>.

Questões de revisão

1. Qual é a relação entre os projetos de aprendizagem e os sistemas de gerenciamento de conteúdo e aprendizagem?
2. Avalie a afirmação de que no interior de um ambiente virtual de aprendizagem deve ser dado destaque aos aspectos didáticos e pedagógicos em detrimento de um privilégio ao tratamento tecnológico.
3. Qual é, no seu entendimento, a razão da necessidade de processos internos de qualificação dos agentes educacionais envolvidos nos processos de ensino e aprendizagem em ambientes virtuais de aprendizagem?
4. Como devem ser avaliados os sistemas de gerenciamento de conteúdo e aprendizagem?
5. Qual é a relação entre o desempenho do aluno e a qualidade educacional em ambientes virtuais de aprendizagem? Como isso é possível no campus virtual criado para oferta de disciplinas de forma semipresencial ou não presencial?

15 A UTILIZAÇÃO DE OBJETOS DE APRENDIZAGEM

Sempre que uma nova tecnologia educacional surge no setor acadêmico, a primeira pergunta será sobre a sua origem. O que determinou a necessidade da existência dos objetos de aprendizagem? A resposta está na ponta da língua quando observamos, no setor acadêmico, a dificuldade que a grande maioria dos professores tem para a produção de materiais didáticos diferenciados, dialógicos, com interação entre o leitor e o texto. Essa dificuldade mostra-se ainda mais evidente com relação à produção de materiais didáticos em múltiplos meios, onde são levantadas barreiras tecnológicas insuperáveis para alguns professores.

Conceituação dos objetos de aprendizagem (OAs)

A proposta dos objetos de aprendizagem é, na realidade, uma proposta de industrialização dessa atividade, que prevê que um pequeno número de especialistas, ao abandonar o receio de roubo de sua propriedade intelectual, coloque seu conhecimento na forma de material didático e que este seja armazenado em grandes bases de dados, como conhecimentos estanques, em elementos com **alta granularidade**. A flexibilidade de adaptar esses materiais a contextos diferenciados, a **interoperabilidade** em seu desenvolvimento e a reutilização extensiva, que podem trazer resultados econômicos importantes, são fatores atraentes para as pessoas que investem em educação e estão cansadas de pagar diversas vezes pelo mesmo material, cada um com a visão particular de algum professor. Contra essa proposta, levantam-se aqueles que são contra um processo de industrialização da produção de materiais para iniciativas educativas. Mas parece que, mais uma vez, a força do capital vem superar obstáculos didáticos e pedagógicos postos contra situações fracamente analisadas em seus benefícios.

A partir daí é possível considerar que os objetos de aprendizagem representam uma nova tecnologia educacional e, como tal, ainda sujeita a diversas formas de resistência com relação à sua utilização. Ela ainda não atingiu um estado de estabilidade no setor acadêmico. De uma forma geral, pode ser considerada como qualquer recurso digital com conteúdo educacional reutilizável em contextos diferenciados.

Eles são encapsulados em lições que são agrupadas em unidades, módulos, cursos. Elas incluem atingir um objetivo específico e, geralmente, pontual. Ao seu final tem a proposta de um processo de avaliação não punitivo que mensura a evolução do aluno em relação a seu estágio inicial, levantado por uma avaliação diagnóstica. Cada objeto é composto por textos, figuras, animações, som, vídeo, simulações, avaliações, agrupados sob uma das formas descritas.

A importância do conhecimento dos objetos de aprendizagem pelos professores e projetistas instrucionais está colocada primeiro como um desafio e, em seguida, como um requisito sem o qual eles não terão uma visão atualizada das necessidades comuns nos ambientes virtuais, centradas na obtenção de materiais desenvolvidos em múltiplos meios.

Glossário

Alta granularidade – Subdivisão de uma ideia complexa até que ela atinja o menor estado no qual ainda pode ser considerada como um conhecimento completo.

Interoperabilidade – Capacidade de uma determinada tecnologia de operar indistintamente entre diferentes plataformas de hardware e software.

Saiba mais

Consulte o tema no lado esquerdo da tabela e verifique a obra sugerida na parte direita.

Tema	Leitura indicada
Objetos de aprendizagem	MUNHOZ, A. S. *Objetos de aprendizagem*. Curitiba: Intersaberes, 2010.

Questões de revisão

1. Analise e busque justificar ou efetuar uma crítica sobre a resistência colocada à industrialização no processo de produção de materiais.
2. Questione a proposta de divisão de um conceito complexo em pequenos conhecimentos.
3. Qual é a sua posição sobre a inversão do processo de aprendizagem proposto por um objeto de aprendizagem, de aprender do mais simples ao mais complexo? O mais simples refere-se aos pequenos objetos, e o mais complexo, à soma dos objetos que compõem a ideia complexa.

16. A UTILIZAÇÃO DAS MÍDIAS SOCIAIS

Quando as redes sociais surgiram, elas representaram uma nova forma de "liberdade de expressão" para a juventude, como resultante do conflito de gerações que, aos poucos, foi afastando os jovens do convívio familiar. Ela era utilizada apenas como meio de comunicação, fazendo que os jovens tivessem oportunidade de conviver com sua "turma", com sua **"tribo digital"**, e assim vivenciar a sua rebeldia sem causa, junto com outros jovens com problemas similares.

Aos poucos, ela foi adquirindo uma consistência e seriedade, e hoje se antevê grande utilidade em sua utilização nos processos de ensino e aprendizagem que acontecem no ambiente em rede.

A rede social em educação

Entre as múltiplas utilizações das redes sociais, não poderia estar de fora aquela que privilegia o campo da educação. Este é tido como terra de ninguém, onde suas teorias de sucesso são provenientes de diferentes áreas (psicologia, neurologia, biologia etc.), com pouco espaço para qualquer privilégio na atuação de pedagogos, que também participam com inovações. Superadas as barreiras iniciais, a rede social passa a ser utilizada nas salas de aula, como forma de gerar no ambiente a mesma sinergia e despertar o mesmo entusiasmo e motivação que desperta quando utilizada isoladamente pelos alunos como indivíduos.

A **inteligência coletiva**, fenômeno previsto por Lévy (2007), efetiva-se de forma forte nas redes sociais. Elas passam a ser enxergadas como um nivelador a eliminar a exclusão digital. Para os professores, há aspectos que somente na rede eles podem identificar e utilizar como instrumentos de avaliação mais eficazes que o processo tradicional. A eliminação do analfabetismo digital, a interpretação de textos e a capacidade de escrita são mais facilmente percebidas quando as pessoas estão em um processo de interação intensivo. O aprender pela pesquisa ganha um grande destaque.

A opinião e o debate livres retiram aspectos coercitivos e liberam os alunos para a aprendizagem pelo erro. São aspectos que não podem passar despercebidos pelos projetistas instrucionais.

A recuperação de um bom relacionamento entre alunos e professores é uma das coisas mais gratificantes que é possível obter em rede.

Checklist a ser utilizado no desenvolvimento do PI

Assim, um bom **checklist** para o projetista instrucional é:

- utilizar as atividades envolvendo as redes sociais;
- analisar e utilizar a potência de sua capacidade de proporcionar intercâmbio de informações;
- utilizar as vantagens que uma comunicação multidirecional sem restrições e censura pode trazer ao processo de ensino e aprendizagem;
- compartilhar metodologias;
- compartilhar informações e ideias;
- integrar professores em comunidades, onde os sucessos se distribuem em um processo de disseminação de conhecimentos de elevado retorno.

Ao analisar o conectivismo, em capítulo posterior, a importância das redes sociais e de sua utilização extensiva voltará a ser apresentada, o que justifica que o projetista instrucional efetive a sua utilização.

Glossário

Checklist – Lista de tarefas a ser levada em consideração no desenvolvimento de um propósito com um objetivo a ser atingido.

Inteligência coletiva – Fenômeno descrito por Lévy (2007) que leva em consideração a possibilidade de que pessoas com diferentes níveis de conhecimento sobre um tema de interesse comum adquiram um conhecimento nivelado ao final das interações, correspondente ao maior nível cognitivo observado em nível individual.

Tribo digital – Assim chamados os companheiros de navegação na grande rede, termo cunhado a partir das colocações de McLuhan (1974) sobre o mundo como uma tribo global. Representa o conjunto de pessoas com interesse comum, social e que pode envolver o interesse educacional.

Saiba mais

Consulte o tema no lado esquerdo da tabela e acesse o link na parte direita com os créditos. Caso encontre algum link quebrado, envie um e-mail para o autor que ele será reposto.

Tema	Referência de leitura/Link para artigos
O uso de redes sociais em educação	Utilização das redes sociais na educação: guia para o uso do Facebook em uma instituição de ensino superior. Disponível em: <http://seer.ufrgs.br/index.php/renote/article/view/36434/23529>.

Questões de revisão

1. Como você enxerga a utilização das redes sociais no processo de ensino e aprendizagem?
2. Em seu entendimento, a ausência de censura na rede social inviabiliza a sua utilização em educação?
3. Qual influência tem uma rede social no relacionamento entre alunos?
4. Qual influência tem uma rede social no relacionamento entre aluno e professor?

17 ANDRAGOGIA, A APRENDIZAGEM DE JOVENS E ADULTOS

A forma de relacionamento entre os agentes educacionais difere em muito quando o ambiente tratado é composto por jovens e adultos. É recomendável alterar a visão didática e pedagógica, que leva em consideração a diferença de propósitos e características dos atores do processo de ensino e aprendizagem. Na grande maioria dos casos, essa já é uma abordagem considerada como um dos requisitos estabelecidos em tempo de projeto educacional, mas interessa ao projetista conhecer algumas características particulares dessa forma de tratamento estabelecido no ambiente.

Conceituação

Na própria etimologia do tema já é possível encontrar a sua definição, que pode ser direta e simples: a andragogia trata da educação de jovens e adultos e, no contexto atual, é de interesse do projetista lançar um novo olhar sobre essa área do conhecimento.

O que dá esse destaque é a chegada de uma nova geração, a geração digital, no caso dos cursos ofertados nos ambientes enriquecidos com a tecnologia, não importa qual a abordagem que esteja sendo utilizada. Ela exige novas formas de comunicação e o desenvolvimento de atividades de aprendizagem com uma nova forma de apoio do docente instado a desenvolver o papel de educador. A exigência de uma visão social mais participativa retira o caráter coercitivo do ambiente e a efetivação de relacionamentos de poder, como ocorre nos ambientes tradicionais de ensino e aprendizagem.

A primeira coisa que o projetista instrucional deve aceitar como uma situação normal é que a arte de ensinar jovens e adultos é diferente em relação à ação didática e pedagógica desenvolvida nos ambientes tradicionais, na educação nas séries inferiores e intermediárias do sistema de ensino brasileiro.

Traços de **behaviorismo** e a utilização de uma **visão eclética** nos processos de ensino e aprendizagem ainda trazem o ranço de uma metodologia já superada e que não pode ser replicada, o que deve ser cuidado na forma de proposta de atividades no projeto instrucional.

Traços da pedagogia humanista de Rogers (ROGERS *apud* MACHADO, s.d.), colocada em oposição ao behaviorismo, representam um tratamento mais indicado e são utilizados na atualidade como ideia pedagógica de valor no ambiente.

O uso do conceito de ideias pedagógicas traz a ausência de um direcionamento único e a convivência de ideias pedagógicas, algumas obtidas como resultado do aproveitamento de partes isoladas de uma ou outra visão de sustentação teórica que configura uma teoria de aprendizagem completa.

O tratamento do adulto, como um ser já inserido na sociedade e que tem uma história de vida, cuja experiência tem influência no processo de ensino e aprendizagem e cuja motivação para desenvolver projetos educacionais é diferenciada da proposta da educação formal nas séries iniciais, dá a principal justificativa para a utilização das ideias andragógicas.

Assim, a proposta de formas flexíveis de desenvolvimento de atividades deve ser considerada, para cobrir um amplo espectro de diferentes formas de ensinar e aprender. Essa é a principal justificativa e o apoio para que o *coaching* educacional seja pleiteado como uma nova forma de acompanhamento dado pelo professor ao aluno.

Essa flexibilidade também tem como objetivo respeitar o contexto profissional, ou seja, a diversidade de áreas de conhecimento que um determinado saber pode atender, o que justifica ainda mais a proposta de flexibilidade. Isso afeta de forma direta o processo de avaliação que se mostra como totalmente diferenciado do tradicional, que é aplicado de forma geral para todo um universo multicultural apresentado nas características sociais dos participantes em iniciativas educacionais.

Considera-se que esse alerta inicial seja suficiente para que, durante o desenvolvimento do projeto instrucional, o projetista tenha em mente que o enfoque andragógico recomenda novas formas de propor atividades e que elas apresentem uma grande flexibilidade, principalmente nos parâmetros de avaliação.

Glossário

Behaviorismo – Também conhecido como comportamentalismo, representa uma das teorias de aprendizagem que orientam iniciativas educacionais e lhes dão suporte teórico. Ele considera que o meio no qual o indivíduo vive determina a forma como ele aprende. Além disso, postula que o ser humano atende a estímulos e a ele dá respostas. Muitos cursos foram e ainda serão desenvolvidos, principalmente instruções programadas, com essa visão reducionista do comportamento humano.

Visão eclética – É a forma de enxergar apoiada no ecletismo, que representa uma doutrina ou tendência que recolhe "partes" de conhecimentos de diferentes teorias para construção de um corpo teórico ou justificativa própria a uma determinada proposta ou situação.

Saiba mais

Consulte o tema no lado esquerdo da tabela e acesse o link na parte direita com os créditos. Caso encontre algum link quebrado, envie um e-mail para o autor que ele será reposto.

Tema	Referência de leitura/Link para artigos
Behaviorismo	Behaviorismo – texto para leitura. Disponível em: <http://www.ebah.com.br/content/ABAAAAydEAE/behaviorismo>.
Ecletismo	O ecletismo – considerações finais. Disponível em: <http://pt.slideshare.net/frfaustinofm/ecletismo>.
Andragogia (ampliação da conceituação)	Os dez pressupostos andragógicos da aprendizagem do adulto: um olhar diferenciado na educação do adulto. Disponível em: <http://www.abed.org.br/arquivos/os_10_pressupostos_andragogicos_ENILTON.pdf>.

Questões de revisão

1. Analise a importância da proposta do desenvolvimento de atividades com elevado grau de flexibilidade, diante das considerações andragógicas apresentadas no texto.
2. Como você diminui o impacto das críticas efetuadas ao behaviorismo, considerado como uma teoria mal compreendida em algumas áreas da pedagogia?
3. Qual sua posição com relação à utilização do ecletismo na oferta de conteúdo?

18 TEORIAS DE APRENDIZAGEM E O CONECTIVISMO

As teorias de aprendizagem direcionam atitudes, comportamentos e formas de relacionamento entre os diferentes agentes educacionais. Sua evolução mostra um acompanhamento do resultado de pesquisas desenvolvidas nas áreas da psicologia e neurologia, mais especificamente no estudo de como o ser humano aprende. Grande parte dessas teorias foi desenvolvida em ambientes presenciais tradicionais, em um tempo no qual a tecnologia não estava presente no ambiente. Assim, elas não tinham em mente os ambientes virtuais.

Surgimento do conectivismo

Mais recentemente, Siemens (2005) e Downes (2012) desenvolveram uma proposta que ainda pode ser considerada como uma teoria de aprendizagem em construção, que enfrenta grande resistência no meio acadêmico, como acontece com toda e qualquer novidade proposta no setor.

Como proposta de inovação metodológica, criada para proporcionar uma maior integração da geração digital com os ambientes de ensino e aprendizagem tradicional, surge o conectivismo, que muitas pessoas consideram como uma teoria de aprendizagem ainda incompleta.

Seus criadores são os primeiros a alertar que ela não se contrapõe a nenhuma das teorias mais comuns existentes, mas delas utiliza-se em uma perspectiva eclética quanto a pontos de interesse e elevada funcionalidade que abrange também as novas gerações. Considera-se que o comportamento humano mudou as formas de aprender também, mas em última instância o ser humano continua o mesmo.

Em tempo de redes sociais, de efetivação da web 2.0 e do surgimento da web 3.0 e da perspectiva de sua utilização extensiva, não há mais como manter velhos procedimentos que parecem superados pelas características da sociedade contemporânea. As estratégias pedagógicas e andragógicas devem ser alteradas e metodologias inovadoras devem ser criadas e tomar seu lugar nos tempos atuais.

Parece que a correta utilização da mediação tecnológica se reafirma como o grande desafio para todos os agentes educacionais, sem que ninguém possa ser considerado como exceção. A renovação na prática de cada um desses agentes deve ser tratada em tempo de projeto instrucional, pelo menos no que diz respeito ao incentivo da efetivação de um processo de interação "muitos-para-muitos", entre todos os participantes do ambiente. A pedagogia necessária para atuar em ambientes enriquecidos com a tecnologia retira muitos dos agentes educacionais de sua zona de conforto.

Gerações de teorias

Dron e Anderson (2011) propugnam uma taxonomia que relaciona essas teorias no tempo, enquanto alguns pesquisadores propõem a divisão do uso das teorias de aprendizagem em gerações. Estamos na terceira geração: a do conectivismo. As duas que a antecederam foram a **corrente cognitivo-behaviorista** e a **tendência socioconstrutivista**. Nos projetos instrucionais hoje existentes, as três correntes convivem parecendo ignorar a guerra de bastidores que busca reafirmar o privilégio de uma sobre a outra. Essa proposta não mais tem lugar.

A corrente cognitivo-behaviorista utiliza um modelo de projeto instrucional em que os objetivos de aprendizagem estão claramente identificados e declarados e existem à parte do aluno e do contexto de estudo, caracterizando-se pela redução do papel e da importância do professor. Por último, a corrente socioconstrutivista avançou em termos de melhoria de relacionamento dos agentes educacionais, mas ainda não se tornou uma proposta de utilização extensiva nos ambientes enriquecidos com a tecnologia. Essa proposta traz uma inovação importante que facilita a caminhada para o conectivismo, ao considerar que a aprendizagem não mais é considerada como se estivesse localizada apenas na mente dos aprendentes, mas também é dependente de processos de integração e construção de conhecimento.

Já a corrente conectivista caracteriza-se por não mais enxergar o professor como o detentor universal do conhecimento, mas apenas como uma engrenagem que tem participação importante no processo, porém não é mais o maestro com a batuta a dirigir todo o processo.

O conectivismo utiliza como tecnologia as redes sociais e a proposta da oferta de serviço nos grandes servidores em nuvem. Como expõem Dron e Anderson (2011), os verbos que definem as atividades do projeto instrucional são: explorar, conectar, criar e avaliar. Os autores consideram ainda que a granularidade do aprendiz está na rede; a avaliação está na solução de problemas que não apresentam uma resposta única e estão relacionados ao contexto; o papel do professor é o de coadjuvante, e surge no horizonte o professor coletivo, proposta defendida por Belloni (1999).

Ainda que a escolha de uma corrente venha definida do projeto educacional, é importante que o projetista instrucional tenha conhecimento de suas características e procure a sua aplicação de forma intensiva, mas flexível, no ambiente.

Glossário

Corrente cognitivo-behaviorista – Aquela que substitui teorias unicamente behavioristas, não totalmente aceitas. A junção entre princípios e fundamentos do behaviorismo e cognitivismo mostra-se mais aceitável para as pessoas e tem seu tempo de utilização em propostas educacionais desenvolvidas na rede.

Tendência socioconstrutivista – As teorias socioconstrutivistas ainda têm um grande apelo, mas aos poucos seus dogmas e posicionamentos são contestados e substituídos por uma nova teoria: o conectivismo.

Saiba mais

Consulte o tema no lado esquerdo da tabela e acesse o link na parte direita com os créditos. Caso encontre algum link quebrado, envie um e-mail para o autor que ele será reposto.

Tema	Referência de leitura/Link para artigos
Cognitivismo	O que é cognitivismo. Disponível em: <http://www.scielo.br/pdf/pusf/v12n2/v12n2a23.pdf>.
Socioconstrutivismo	Construcionismo social: uma crítica epistemológica. Disponível em: <http://pepsic.bvsalud.org/pdf/tp/v12n1/v12n1a08.pdf>.
Conectivismo	Connectivism and connective knowledge. Disponível em: <http://www.downes.ca/files/books/Connective_Knowledge-19May2012.pdf>.

Questões de revisão

1. Questione a aplicação do behaviorismo em ambientes enriquecidos com a tecnologia.
2. Qual é a principal evolução do behaviorismo para o behaviorismo-cognitivista?
3. Como você enxerga a aplicação do conectivismo nos ambientes enriquecidos com a tecnologia?

19 A APRENDIZAGEM BASEADA EM PROBLEMAS

A aprendizagem baseada em problemas (ABP) está posta como uma das soluções mais eficazes que podem ser aplicadas em ambientes enriquecidos com a tecnologia, cuja principal motivação está colocada na possibilidade de transformar, com sua utilização, a aprendizagem do aluno em algo significativo e relacionado diretamente com o que ele vai desenvolver em sua vida profissional. Não cabe ao projetista escolher sua utilização, ela já vem definida do projeto educacional, mas a sua adoção de acordo com a criação de condições, em tempo de projeto, que a problematização venha a influenciar é um dos maiores desafios para o projetista instrucional.

Procedimentos iniciais: a problematização

Caso haja a determinação de utilização, o projetista instrucional deve iniciar o processo com o estudo do conteúdo. Este deve ser relevante de forma a permitir apoio às buscas que serão efetivadas pelos alunos, imediatamente após a determinação da estratégia (trabalho do aluno, mas no qual o auxílio do professor deve ser aproveitado). A proposta descrita a seguir está adaptada à realidade social de cursos efetivados em ambientes enriquecidos com a tecnologia, nos quais há o predomínio da mediação tecnológica, com suporte teórico da teoria da aprendizagem do conectivismo.

Com o conteúdo em mãos, o aluno inicia a proposta com a observação da realidade social, sua discussão com o instrutor e a redação do problema que servirá de base para a aprendizagem do conteúdo necessário (normalmente proveniente das diretrizes curriculares, com algum grau de independência da IE).

A segunda etapa consiste na determinação dos pontos-chave, que indicam o porquê da existência do problema que o grupo quer resolver (a ABP sempre é desenvolvida em grupos). A etapa seguinte sugere a teorização do que foi aventado nas etapas anteriores. É ela quem dá a orientação para a solução do problema e para qual metodologia (**método científico**) será utilizada durante o estudo da solução. Na quarta etapa são definidas as hipóteses de solução ou estabelecidas perguntas norteadoras que devem ser respondidas. A última etapa equivale a um retorno do grupo à realidade para, então, escolher a estratégia ou, se ela já existir, verificar a sua aplicabilidade.

A proposta da aprendizagem baseada em problemas

A ABP é uma proposta para ambientes centrados no aluno nos quais prevalece um estímulo constante à participação ativa do aluno no ambiente, em trabalho colaborativo, desenvolvido em grupo, voltado para a busca do conhecimento.

A construção do problema, escolha dos conteúdos, determinação da estratégia e desenvolvimento estão inteiramente a cargo do aluno, mas no projeto instrucional devem estar delimitadas etapas de apresentação que vão permitir que o professor acompanhe a evolução do aluno, com o desenvolvimento da avaliação nesses momentos, de maneira formativa e com registro da evolução. Não se questiona o erro ou acerto. A partir da hipótese ou das perguntas norteadoras, o próprio aluno indicará se elas serão confirmadas ou falseadas. De qualquer forma, define-se a solução como funcional ou não em determinado contexto. O que pode não ser funcional, em um contexto, poderá ser funcional em algum outro.

Cabe então ao projetista instrucional não somente determinar esses pontos de inflexão no processo, mas também criar situações que coloquem desafios para o aluno, ainda que elas venham a ser criadas em tempo real, no momento em que o grupo desenvolve a busca da solução para o problema.

Glossário

Método científico – É a forma de dar rigor a qualquer tipo de estudo. No caso da solução de problemas, seus pressupostos devem ser efetivados. Para tanto, o aluno deve seguir a roteirização sugerida (veja a atividade "Saiba mais" adiante).

Saiba mais

Consulte o tema no lado esquerdo da tabela e acesse o link na parte direita com os créditos. Caso encontre algum link quebrado, envie um e-mail para o autor que ele será reposto.

Tema	Referência de leitura/Link para artigos
O método científico	Saiba como fazer artigo científico, TCC, monografia de pós, dissertação e tese. Disponível em: <http://ultimosegundo.ig.com.br/educacao/2014-06-19/saiba-como-fazer-artigo-cientifico-tcc-monografia-de-pos-dissertacao-e-tese.html>.

Questões de revisão

1. Assinale duas vantagens que você pode visualizar na utilização da aprendizagem baseada em problemas.
2. Qual você considera a melhor prática para o professor que vai trabalhar a metodologia ABP em ambientes enriquecidos com a tecnologia?

20 O CONCEITO DAS SALAS DE AULA INVERTIDAS

O desencanto nas salas de aula tradicionais e a busca da recuperação da qualidade educacional são as principais razões para a busca de novas metodologias de ensinar e aprender na sociedade contemporânea. Em capítulos anteriores, você observou diferentes tratamentos e efetivação de diferentes comportamentos e atitudes. A sala de aula invertida, agora convertida em metodologia, é algo que já vem sendo utilizado há muito tempo, sem que a abordagem tenha sido tratada como um constructo teórico abrangente. Ela ainda não é assim considerada, mas assume o papel de uma ideia pedagógica bem-sucedida e que tem aplicação principalmente em cursos ofertados na modalidade semipresencial, embora tudo o que vai ser exposto aqui tenha aplicabilidade em outros tipos de oferta. A proposta é simples e resume-se a uma inversão do que hoje é feito:

△ o professor apresenta o conteúdo;
△ o aluno tem dever de casa;
△ o resultado é apresentado.

A inversão proposta assume a seguinte perspectiva:

△ o aluno conhece o conteúdo necessário e sobre ele efetua pesquisas, leituras e acessa o material de estudo, tarefa que deve cumprir antes da aula;
△ o professor tem dever de sala de aula: verificar o acerto ou resolver os problemas junto com os alunos;
△ o resultado é apresentado.

A lógica é simples, mas a aplicação não é tanto assim.

A lógica da inversão da sala de aula

O primeiro ato de rebeldia sem causa parte dos professores resistentes. Eles consideram que os professores que adotam o método da sala de aula invertida não trabalham, aproveitam o trabalho dos alunos e deitam sobre louros de vitórias que não foram conquistadas por eles, quando tudo dá certo. Houve uma época em que muitos professores se recusaram a adotar a metodologia para que seus pares acadêmicos não pensassem que toda a culpa era deles.

Felizmente, essa etapa parece superada. A formatação da proposta é de alta complexidade e estabelecida em tempo de projeto instrucional, quando o que se tem é uma vaga noção de como as coisas vão acontecer na realidade. Assim, estabelecer essa metodologia se mostra uma tarefa complexa.

Diversos paradigmas entram em ação. A aprendizagem independente toma lugar. A aprendizagem ativa entra em xeque. O trabalho em cima de problemas. O desenvolvimento de tarefas em grupo. A **comunicação multidirecional** extensiva e intensiva. Tudo o que está em evidência como desafios para a mudança de paradigmas estabelecidos no meio educacional parece entrar em cena. A **aprendizagem experimental** começa a ser utilizada de forma mais ativa. Na sala de aula invertida, em seu momento presencial, novas propostas podem ser estudadas em conjunto, a partir do grupo para o todo.

O pressuposto de um ambiente enriquecido com a tecnologia é outra posição assumida e sem a qual há dificuldades de efetivar a **aprendizagem colaborativa**.

Levar em consideração a aplicabilidade da metodologia à modalidade semipresencial e o fato de que ela está colocada como a educação do futuro pode dar ao projetista instrucional a medida da importância para que ele aprenda um pouco mais sobre o assunto e desenvolva a proposta em seu projeto. Se ele não tem oportunidade de escolher se vai ou não utilizar a metodologia, se ela for escolhida, cabe-lhe dar o máximo para obter elevado nível de qualidade com a utilização da abordagem.

Com essa posição, espera-se que considerar a efetivação da modalidade como um conforto para os professores caia por terra como um mito. O nível de participação e exigência do docente supera em muito o desempenho que necessita apresentar em ambientes tradicionais de ensino e aprendizagem.

Glossário

Aprendizagem colaborativa – É aquela que ocorre na formação de grupos e compartilhamento de um componente pela formação do grupo e do grupo pela formação de cada componente. Esse compartilhamento de responsabilidade leva os participantes a um elevado grau de participação.

Aprendizagem experimental – É aquela em que o aprender pelo erro é estabelecido pelo professor como uma estratégia educacional e na qual as apresentações em sala de aula podem trazer ajuda de outros grupos.

Comunicação multidirecional – Aquela que acontece no formato "muitos-para-muitos", ou seja, cada pessoa pode efetivar a comunicação com qualquer outro agente e qualquer outro agente pode entrar em contato, envolvendo em ambas as situações dois ou mais participantes.

Saiba mais

Consulte o tema no lado esquerdo da tabela e verifique a obra sugerida na parte direita.

Tema	Leitura indicada
A sala de aula invertida	MUNHOZ, A. S. *A sala de aula invertida*. Curitiba: Clube do Autor, 2015.

Questões de revisão

1. Questione a colocação efetuada por alguns professores sobre a facilidade concedida ao professor que trabalha com a metodologia da sala de aula invertida.
2. Procure estabelecer um checklist que representa o papel a ser desempenhado pelo professor na sala de aula invertida.

21 A PROPOSTA DA GAMIFICAÇÃO

A gamificação traz a proposta de ser um novo método de ensino e aprendizagem, que utiliza a mecânica dos jogos de videogames e que se contrapõe aos ambientes estáticos presentes nas salas de aula tradicionais, que estão cercados pelo desencanto no relacionamento entre professores e alunos. Para que seja aceita, deve trazer justificativas coerentes e aprovadas pela academia.

Jogos em educação

Há um importante aspecto que deve ser destacado, antes de iniciar a proposição de procurar justificativas didáticas e pedagógicas para o estudo do tema. A utilização de jogos em educação e a proposta de gamificação de situações educacionais são diferentes de acordo com a grande maioria de ângulos sob os quais essa comparação pode ser feita. Utilizar um jogo em educação tem um objetivo específico. Posso querer, por exemplo, ensinar um operador de guindaste sobre mudanças que aconteceram em um modelo recentemente lançado. A proposta prevê a criação de um jogo que utiliza simulação, ambientes 3D e imersão, para orientar os operadores atuais. Este é o exemplo típico de utilização de um jogo em educação.

O trabalho com laboratórios pode representar algum perigo para os alunos. Em algumas universidades, esses laboratórios são montados como simulação e facilidades de realidade virtual. Dessa forma, o risco da colocação de pessoas inexperientes, em fase de aprendizagem, em contato direto com alguma atividade perigosa é evitado. Este é outro exemplo de uso de um jogo em educação. Podemos prosseguir por um longo tempo com exemplos. Alguns desses jogos apregoam a utilização de teorias de aprendizagem; outros são construtivistas; alguns ainda são behavioristas; e outros prometem essas abordagens e cumprem, o que não acontece com a maioria deles.

A proposta de gamificação

O projeto de gamificação é totalmente diferenciado. Vamos utilizar o exemplo de uma escola imaginária, que apresenta como proposta a mudança de como o processo de ensino e aprendizagem é oferecido. Ela não coloca jogos à disposição dos alunos. A proposta envolve a transformação da ida do aluno para a sala de aula (presencial ou eletrônica) na participação de um grande jogo com regras bem definidas, em que ele vai enfrentar desafios, e que tem como orientador o conhecimento adquirido pelos alunos em outras mídias.

A colaboração entre os alunos é extensiva. A organização de raciocínio é sistemática. Os docentes e projetistas instrucionais são responsáveis pela criação de cenários, que apresentam o conhecimento que se deseja transmitir e orientam o aluno a um extensivo processo de interação. As redes sociais, que agregam as participações de familiares, de amigos pessoais, da escola e da vida profissional, são consideradas desejadas e podem colaborar para que as expectativas sejam atendidas.

Adotado esse enfoque, o processo se concentra na utilização de elementos comuns aos jogos e seus mecanismos. São utilizados avatares que dialogam com o aluno, e os resultados obtidos em atividades resultam em premiação (ganho de pontos, ganho de novas vidas, remuneração financeira simbólica que pode ser transformada em conceito e outras técnicas).

O termo *cenário* adquire significação especial, o projeto instrucional passa a ocupar um lugar de destaque, e se insere no ambiente o questionamento do projeto das interfaces gráficas entre o homem e a máquina. Nesse momento, novos termos são inseridos no ambiente. É importante que o projetista instrucional tome contato com um dos estudos mais citados sobre jogos, desenvolvido por Huizinga (1980), em que o autor considera como um jogo as atividades que apresentam como características:

1. Participação voluntária: o jogo é uma atividade na qual todos os participantes são livres para dele fazer parte ou não.
2. Distração: o jogo não é uma obrigatoriedade, portanto não pode ser considerado uma tarefa. Dessa forma, é praticado nas horas de ócio, como distração.
3. Exterior à "realidade": o jogo é a evasão da vida real para uma esfera paralela de tempo e espaço, não podendo ser considerado parte integrante do cotidiano.
4. Limites espaciais e temporais: como o jogo é a evasão da vida real, requer espaço e duração delimitados para a sua prática. Essas limitações são responsáveis por deslocar o participante para a realidade paralela do jogo.
5. Meta: o jogo possui objetivo definido e claro para todos os participantes.
6. Regras: para alcançar a meta, deve-se agir de acordo com as regras determinadas, com o objetivo de inserir os participantes na realidade paralela do jogo.
7. Sistema de realimentação (resultados): considerando a existência de uma meta a ser atingida, consequentemente haverá um resultado, representando o alcance, ou não, dessa meta. Portanto, é necessário determinar um sistema de contagem de pontos ou avaliação de realimentação, a fim de definir claramente o resultado do jogo entre os participantes. Em um jogo, não existe dúvida quanto ao alcance, ou não, do objetivo final por parte dos seus jogadores.
8. Término: o jogo sempre acaba.

É a partir dessas considerações feitas pelo pesquisador que o processo de gamificação tem lugar. Todas essas recomendações são utilizadas, e um determinado conteúdo educacional terá, com pequenas alterações que envolvem mais as questões de responsabilidade, uma proposta similar. A sua aplicação em educação tem sentido porque os seus objetivos são concorrentes com aqueles que orientam um bom método para ser seguido pelo projeto de ensino e aprendizagem. Um jogo, com base em Huizinga (1980):

△ traz a proposta de um desafio (como deve ser encarada a necessidade de aquisição de conhecimento);
△ exige algum tipo de esforço físico ou mental para participação (participação ativa do aluno no processo);
△ pode trazer recompensa (acertos) e frustração (erros) nas tentativas de uso da gamificação no processo educacional;
△ recomenda que na interação sejam superadas falhas anteriores (**aprender pelo erro**);
△ propõe a superação que aumenta a vontade de jogar (estudar);
△ envolve e apaixona o aluno (situação desejável no ambiente educacional);
△ representa uma experiência enriquecedora (o que se espera no ambiente educacional quando o aluno adquire o conhecimento);
△ trabalha com conceitos de arte, poesia, justiça, guerra, filosofia (assuntos diretamente relacionados com o processo educacional);
△ trabalha com realimentação imediata (desejável para os alunos);
△ permite idas e vindas até que um determinado aspecto seja conhecido a fundo (desejável em atividades de aprendizagem).

Assim, a gamificação, que ainda não tem um conceito definitivo e exato, está sendo compreendida por pesquisadores em educação como a aplicação de elementos, mecanismos, dinâmicas e técnicas de jogos no contexto do desenvolvimento de uma disciplina ou de um curso como um todo.

A lembrança de uma criança ou de um jovem, extasiado em frente ao seu videogame ou da tela de seu computador, com alto grau de concentração e a possibilidade da transferência desse estado de espírito para o segmento educacional sempre estarão presentes quando se fala em gamificação e se ouvem as tradicionais resistências, pelo medo da perda de situações previamente estabelecidas. É uma situação que ocorre comumente quando qualquer proposta de inovação surge em algum ambiente ou atividade. O que pode ser considerado a principal dificuldade, pelo menos em tempos iniciais, quando a cultura da gamificação dos ambientes educacionais ainda não está instalada, é o "*game thinking*" – direcionamento do pensamento como um jogo. Ele é considerado o principal fator de sucesso na adoção desse novo método de desenvolver o processo de ensino e aprendizagem. O ponto crucial é descobrir como transformar uma atividade do cotidiano em uma atividade que agrega elementos de competição, cooperação e narrativa, como são os jogos RPG (*Role Playing Game*), onde diferentes estratégias são estabelecidas. O objetivo principal da gamificação é criar envolvimento entre o jogador e determinada situação, o que, aplicado ao processo educacional, leva o aluno a se envolver diretamente com um tema de forma engajada e que pode favorecer a obtenção da excelência. Estas são as principais razões que justificam a adoção do processo de gamificação. Os professores querem tudo o que os games se propõem a realizar: engajamento, concentração, participação, aprender pelo erro, e assim por diante. É uma lista de possibilidades que orientam as instituições de ensino e organizações do mercado corporativo a não ignorarem esse método e a efetivar investimentos na área.

Glossário

Aprender pelo erro – A aprendizagem pelo erro contraria um dos ícones da educação de jovens e adultos o qual considera que errar não é bom. Essa é uma das crenças mais prejudiciais ao processo educacional. É uma postura que coloca sobre as costas dos alunos uma coerção forte, impede a utilização do senso crítico e mata a inovação, atividades sujeitas ao erro de forma mais frequente do que a omissão.

Saiba mais

Consulte o tema no lado esquerdo da tabela e acesse o link na parte direita com os créditos. Caso encontre algum link quebrado, envie um e-mail para o autor que ele será reposto.

Tema	Referência de leitura/Link para artigos
Storyboard	A arte do storyboard. Disponível em: <http://spacca.com.br/educacao/storyboard.htm>.
Roteirização	Roteirizações imersivas para role playing game educacional. Disponível em: <http://www.comunidadesvirtuais.pro.br/seminario4/trab/pc.pdf>.
Aprender pelo erro	Estratégias para aprender pelo erro. Disponível em: <http://hbrbr.com.br/estrategias-para-aprender-com-o-erro/>.

Questões de revisão

1. Analise vantagens do uso de gamificação em educação.
2. Aponte eventuais desvantagens que você considera no uso de gamificação em educação.
3. Como você enxerga a proposta do professor como roteirista de propostas de jogos educacionais e gamificação?

22 O *COACHING* EDUCACIONAL

As atividades de *coaching* em educação representam um novo desafio para a efetivação de uma nova forma de tutoria em EaD e em ambientes enriquecidos com a tecnologia. É uma proposta que visa à melhoria do desempenho de professores e tutores. Ela chega em uma hora em que é cada vez maior a pressão para a mudança de paradigma trazida pela proposta de trocar o ensino, com fornecimento de conteúdo, por aprendizagem, com aumento do apoio ao aluno que estuda em ambientes enriquecidos com a tecnologia.

O *coaching* educacional para o professor

Em termos de projeto instrucional e ação do projetista, é importante que ele tenha conhecimento do que a proposta de *coaching* educacional traz para os professores:

- △ trabalhar de forma conjunta com o aluno e recuperar o encantamento de um relacionamento que é um dos principais responsáveis pela educação das pessoas;
- △ evitar estresse nos ambientes de sala de aula quando trabalha o enfrentamento da **diversidade cultural** e **cognitiva**;
- △ oferecer maiores possibilidades de equilíbrio na tarefa de assumir responsabilidades pela educação de pessoas, colocada unicamente sob sua responsabilidade;
- △ oferecer ao professor a possibilidade de enfrentar novos desafios;

- facilitar ao professor a identificação de valores, necessidades e metas das pessoas que querem aprender sob sua responsabilidade;
- identificar pontos fortes e fracos de cada um dos alunos sob sua responsabilidade, o que facilita a forma de oferta de atividades e flexibilização da atividade de ensino;
- permitir o desenvolvimento de **proatividade**, gestão do tempo, **resiliência**, **assertividade**, planejamento, entre outros aspectos.

Cabe ao projetista e ao docente desenvolver oportunidades e ambientes em que cada uma dessas vantagens possa ter aproveitamento total.

Coaching educacional para o aluno

Para os alunos, a participação em atividades de *coaching* educacional permite:

- desenvolver novas competências comportamentais;
- desenvolver liderança;
- manter o foco no tema do estudo;
- aumentar a disciplina na atividade de aprendizagem;
- obter equilíbrio pessoal-profissional;
- adquirir resiliência;
- valorizar o relacionamento interpessoal com outras pessoas de equipes de trabalho;
- definir metas e planos de ação;
- descobrir os pontos fracos e qualidades no próprio perfil pessoal.

Da mesma forma, o projetista, junto com o professor, deve orientar atividades e criar condições para a criação de ambientes nos quais essas atividades possam ser efetivadas.

Glossário

Assertividade – Comportamento que leva as pessoas a defender os seus próprios direitos sem violar os direitos dos outros.

Diversidade cultural – Conjunto de formações e diferentes formas de pensar e agir de acordo com características da cultura de um povo.

Diversidade cognitiva – Termo relativo às diferentes formas que as pessoas têm de aprender.

Proatividade – Ação produtiva em um ambiente de trabalho no qual ocorre a formação de grupos para trabalhos colaborativos.

Resiliência – Capacidade de retornar a um estado inicial, mesmo depois de ter sofrido grande pressão.

Saiba mais

Consulte o tema no lado esquerdo da tabela e acesse o link na parte direita com os créditos. Caso encontre algum link quebrado, envie um e-mail para o autor que ele será reposto.

Tema	Referência de leitura/Link para artigos
Proatividade	A proatividade no ambiente de trabalho. Disponível em: <http://www.ibccoaching.com.br/tudo-sobre-coaching/coaching-carreira/a-proatividade-no-ambiente-de-trabalho/>.
Resiliência	O significado de resiliência. Disponível em: <http://www.significados.com.br/resiliencia/>.

Tema	Referência de leitura/Link para artigos
Assertividade	Apresentação em PowerPoint sobre assertividade. Disponível em: <http://www.bing.com/search?FORM=UWDFTU&PC=SK2M&q=assertividade&src=IE-TopResult&conversationid=>.

Questões de revisão

1. Que vantagens você identifica no desenvolvimento da resiliência na atividade de aprendizagem?
2. Em seu entendimento, como o aumento da proatividade pode melhorar a atividade de ensino e aprendizagem?
3. Assinale formas de trabalho com a diversidade cultural no desenvolvimento do projeto instrucional de curso.

23 AS FORMAS DE APRENDIZAGEM

Tanto para o professor quanto para o projetista instrucional é de vital importância o conhecimento das formas de aprendizagem presentes na sociedade. A partir daí, fica facilitada a tarefa de definição de atividades e possibilidades de que a solução para elas seja obtida a partir de uma diversidade de formas, privilegiando a flexibilidade no ambiente.

As formas de aprender são múltiplas, e tratar de todas em um único material, que apresenta uma grande diversidade de temas, seria tarefa gratificante, mas exaustiva. Assim, vamos relacionar algumas das formas de aprendizagem e sugerir que sobre cada uma delas se efetivem uma pesquisa e a montagem de um livro eletrônico sobre o assunto.

As formas com as quais o ser humano aprende

Algumas das formas relacionadas nesta listagem são isoladas e outras geralmente acontecem em sinergia, quando colocadas como proposta educacional. Assim, a aprendizagem pode acontecer:

- △ centrada no aluno;
- △ em grupos de aprendizagem;
- △ de forma ativa, com participação extensiva do aluno no processo;
- △ de forma participativa, quando desenvolvida em grupos ou nas redes sociais;
- △ de forma efetiva, com resultados positivos ao final do processo;

- de forma competitiva, com o aluno assumindo o papel de um observador atento e que aprende a melhorar ou inovar procedimentos de sucesso de outros alunos;
- de forma cooperativa quando, em navegação nos ambientes em rede, uma pessoa utiliza sua capacidade técnica para ajudar outras pessoas sem esperar retorno financeiro;
- de forma colaborativa quando, no interior de grupos que tratam de assuntos de motivação comum, o interesse do grupo é colocado a favor do progresso individual;
- de forma independente, na qual o aluno aprende por seu próprio esforço e vontade;
- de forma rápida, na qual é incentivado por fatores motivadores externos de alto apelo emocional.

Outras formas poderiam ser relacionadas, mas as que foram apresentadas até o momento representam a maioria dos casos. A ação do docente e do projetista instrucional pode permitir a criação de condições para que cada uma delas ocorra de modo individual ou para que diferentes incentivos funcionem de forma sinérgica, contribuindo para que se consiga atingir um objetivo comum.

Glossário

Vamos colocar o glossário deste capítulo como uma proposta para que você localize cada um dos temas, como se cada um fosse uma atividade da seção "Saiba mais".

Saiba mais

Neste capítulo, a proposta desta seção será a seguinte:

Tema	Referência de leitura/Link para artigos
Escolha a atividade	Para a atividade escolhida, busque na grande rede uma definição ou tratamento do tema. Procure montar um livro eletrônico com cada um dos termos pesquisados.

Questão de revisão

1. Escolha três das aprendizagens e disserte de forma resumida sobre cada uma delas.

24 O CONHECIMENTO DAS INTELIGÊNCIAS

Do mesmo modo que o tema formas de aprendizagem do capítulo anterior, aqui será abordado o tema das inteligências, com utilização da mesma forma de justificativa para explicar o assunto.

As inteligências

Se for dada a oportunidade ao professor e ao projetista de trabalhar as inteligências, eles terão maiores possibilidades de sucesso ao desenvolver a flexibilidade no ambiente de ensino e aprendizagem, suportados pelo desenvolvimento de um projeto instrucional com os detalhes que estão contidos nesta proposta. Assim, interessa o conhecimento dos seguintes temas:

△ a inteligência como um fator que pode ser desenvolvido, contrariando o mito de que ela seja nata;
△ tipos de inteligências descritos por Gardner (2000) que identificam a forma como as pessoas se comportam e podem dar indicação sobre as formas como elas aprendem;
△ inteligência emocional, que permite o tratamento de conflitos nos grupos de trabalho;
△ inteligência competitiva, que permite o desenvolvimento de pesquisas mais eficazes;
△ inteligência coletiva, que facilita a aprendizagem quando grupos de pessoas tratam de temas de interesse comum;
△ inteligência social, que facilita o relacionamento e consequente sinergia entre as pessoas reunidas em um ambiente comum;

- inteligência intuitiva, que permite insights que podem ajudar na solução de problemas;
- inteligência criativa, que dá ao elemento a capacidade de influenciar grupos de trabalho e apresentar soluções diferenciadas para problemas;
- inteligência organizacional, que facilita trabalhos em grupo e com atividades de *coaching*;
- inteligência interpessoal, que facilita os relacionamentos.

Existem outras possibilidades, mas as que foram relacionadas representam as que mais podem influenciar no ambiente de ensino e aprendizagem que apresentam as características marcadas neste material.

Glossário

Vamos colocar o glossário deste capítulo como uma proposta para que você localize cada um dos temas, como se cada um fosse uma atividade da seção "Saiba mais".

Saiba mais

Neste capítulo, a proposta desta seção será a seguinte:

Tema	Referência de leitura/Link para artigos
Escolha a atividade	Para a atividade escolhida, busque na grande rede uma definição ou tratamento do tema. Procure montar um livro eletrônico com cada um dos termos pesquisados.

Questão de revisão

1. Escolha três das inteligências e disserte de forma resumida sobre cada uma delas.

25 TENDÊNCIAS PARA O DESENVOLVIMENTO DO PROJETO INSTRUCIONAL

Os projetos instrucionais já têm sua história e um desenvolvimento que na atualidade ganha destaque. Há diversos paradigmas que rondam as formas de desenvolver essa importante atividade para desenvolvimento de projetos de cursos oferecidos em ambientes enriquecidos com a tecnologia. O estado da arte na atualidade atende pelo nome ID2 (*Instructional Design 2*), que, sem abandonar a metodologia tradicional, insere toda uma série de novidades. No restante deste capítulo, elas serão tratadas com um pouco mais de cuidado.

Evolução da neurociência

Uma das áreas que estão em grande destaque, inclusive entre pesquisadores nacionais (NICOLELIS, 2011), refere-se às neurociências. Elas trazem um sem-número de novidades para o desenvolvimento dos projetos instrucionais.

Se no quinquênio imediatamente anterior à evolução do *e-learning* o surgimento de todo um conjunto de "ideias pedagógicas" e inovações tecnológicas tomou conta do cenário, no quinquênio que se inicia em 2015 essa evolução vai se concentrar no *m-learning* (aprendizagem móvel), *u-learning* (*ubiquitous learning*) e na efetivação do *b-learning* como a modalidade educacional do futuro próximo.

A gamificação que você teve oportunidade de estudar está em destaque, principalmente no mercado corporativo, mas sendo cada vez mais bem recebida como convidada nas iniciativas acadêmicas, depois de um longo período de resistência, que, se ainda existe, está bem reduzida.

A atividade de evitar estresse será um dos grandes desafios de projetistas instrucionais e professores. Quando se exige um número cada vez maior de atividades que incentivem engajamento, motivação e outras reações favoráveis, há necessidade de efetivar um controle do estresse resultante do volume de informações disponíveis. Ele tem causado problemas e impede que muitas pessoas, que desenvolvem as coisas da forma correta, mas com descuido da própria saúde e bem-estar, atinjam os seus objetivos. Balancear a **máxima eficiência** com um aproveitamento positivo se torna cada vez mais uma atividade complexa.

Evolução dos locais de trabalho

O **teletrabalho** chegou novamente e, desta vez, para ficar. Os locais de trabalho virtuais se multiplicam e, como consequência para os profissionais em busca de processos de formação permanente e continuada, não resta outro local de estudo senão os mesmos ambientes virtuais. Nestes, a competência em destaque será a **cognição**. A valorização das pessoas vai ocorrer não somente por sua competência cognitiva, mas também pela ajuda que prestar para as outras pessoas. Valem como grandes destaques para o projetista instrucional o trabalho em grupo e o desenvolvimento da aprendizagem baseada em problemas. A bola da vez em termos de teoria de aprendizagem será definitivamente entregue para os conectivistas. Daí a dizer que as redes sociais ganham destaque não é preciso percorrer grande distância. Atividades que envolvam sua participação devem ser colocadas no desenvolvimento do projeto.

Captação e armazenamento de informações

Data mining, data warehouse, **big data** e outras novas tecnologias estão a ponto de serem aceitas sem maior resistência. Há um desejo inaudito por informação e conhecimento e, com a posse da primeira, facilita-se a aquisição do segundo. Assim sugerem-se tutoriais que orientem os participantes sobre como criar a sua própria base instalada de conhecimentos.

Dentro da proposta ADDIE, não é difícil descobrir qual terá destaque. É na última etapa: a avaliação de que novas formas de computar os resultados devem surgir, em benefício de orientar os projetistas sobre como melhor desenvolver cada um o seu projeto instrucional particular.

A personalização ganha seu lugar ao sol

Contrariamente à industrialização nos processos de aprendizagem (via objetos de aprendizagem), parece que falar sobre personalização coloca o projetista na contramão da história, mas não é isso o que acontece. Os AVAs – ambientes virtuais de aprendizagem – estão prestes a se transformarem em APA – ambiente personalizado de aprendizagem –, ou pelo menos a ganhar um irmãozinho com esse nome. A personalização ganha destaque. Praticamente todas as vendedoras de livros brigam de forma encarniçada no mercado para personalizar suas páginas para cada usuário. Navegar no site da Amazon está prestes a se tornar um prazer e uma forma de ganhar presentes no formato de livros, DVDs, CDs e outros polpudos descontos. A proposta de evitar sobrecarga chegou para este material. Ainda resta o destaque à **microaprendizagem**, que faz que projetos de *e-learning* venham a se tornar o livro de bolso de todo professor e todo projetista instrucional. Ela vai se juntar à aprendizagem móvel e a outros paradigmas para mudar de vez a cara da educação, como ela é na atualidade. Dentro de poucos anos, tudo será diferente, bem diferente.

Glossário

Big data – Termo utilizado para identificar que a empresa ou IES utiliza rotinas de mineração e armazenamento de grandes volumes de dados que são utilizados, em etapas posteriores, para formatação da informação estruturada a ser empregada em decisões gerenciais.

Cognição – A cognição é tida como a capacidade de aquisição de novos conhecimentos e depende de uma grande diversidade de fatores.

Data mining – Termo que identifica a captação de grande volume de dados a partir de atividades de pesquisa.

Data warehouse – Termo que identifica o local (armazém) onde os dados coletados são armazenados.

Máxima eficiência – Uma perspectiva que pode ser considerada como a base de muitas das atividades de estresse e também da alienação que pode provocar nas pessoas.

Microaprendizagem – O termo apresenta-se como uma estratégia educacional que surge como decorrência dos modelos que predominam na sociedade em rede e da evolução tecnológica, que é flexível e voltada para atender à necessidade de aprendizagem para toda a vida que ocorre em curtos intervalos de tempo.

Teletrabalho – Uma nova forma de relacionamento entre patrão e empregado que diminui custos para ambas as partes e que pode ser convertida em benefícios diretos.

Saiba mais

Consulte o tema no lado esquerdo da tabela e acesse o link na parte direita com os créditos. Caso encontre algum link quebrado, envie um e-mail para o autor que ele será reposto.

Tema	Referência de leitura/Link para artigos
Data mining	Conceitos e aplicações de *data mining*. Disponível em: <http://www.unimep.br/phpg/editora/revistaspdf/rct22art02.pdf>.
Data warehouse	*Data warehouse*: um trabalho acadêmico. Disponível em: <http://www.datawarehouse.inf.br/Academicos/A%20PUBLICAR_DATA_WAREHOUSE_MARCELL_OLIVEIRA.pdf>.
Big data	Introdução ao conceito de *big data*.

Tema	Referência de leitura/Link para artigos
Microaprendizagem	Dissertação de mestrado Aprendizagem organizacional: um estudo do grau de aderência de suas práticas nas micro e pequenas empresas. Disponível em: <http://www.faccamp.br/madm/Documentos/producao_discente/Neide-Oliveira-da-Silva.pdf>.

Questões de revisão

1. Coloque sua opinião sobre as correntes que consideram a microaprendizagem como um aligeiramento do processo de ensino e aprendizagem.
2. Desenvolva uma análise sobre a tendência à personalização do processo de ensino e aprendizagem.
3. Questione o teletrabalho, com relação a uma perda de direitos adquiridos pelos trabalhadores.

26 UMA PROPOSTA DE TRABALHO

Filatro (2008) pontua um termo interessante e que está na origem de diversos problemas que são encontrados em cursos ofertados em ambientes enriquecidos com a tecnologia: a improvisação pontual. Pelo que foi visto no desenvolvimento deste material, o número de fatores influentes na motivação e no aproveitamento do processo é incontável, o que nos permite afirmar que, sem um projeto instrucional de curso, não será atingida a qualidade desejada.

Início dos trabalhos

A criação de equipes multidisciplinares foi um primeiro desafio a ser enfrentado no desenvolvimento de projetos de cursos que terminavam no projeto político e pedagógico e eram efetivados de acordo com um plano de curso incipiente. A luta travada entre o tecnológico e o pedagógico representou um segundo desafio.

Após muito trabalho com a implantação do *b-learning*, das salas de aula invertidas, da aprendizagem baseada em problemas, do uso das redes sociais, objetos de aprendizagem e suporte do conectivismo, parece termos chegado a um denominador comum e o projeto instrucional parece se colocar como uma das principais ferramentas de apoio à construção de cursos eficazes.

Retirar das mãos de engenheiros e tecnólogos o desenvolvimento do projeto de curso, entregue na atualidade a equipes multidisciplinares, representa o estado da arte e é sobre esse suporte que você terá uma finalização à proposta de perscrutar o meio ambiente externo, como elemento influente no projeto de cursos na atualidade.

A proposta ID 2

O principal ponto de suporte que não abandona a proposta tradicional de desenvolvimento de um projeto instrucional, mas lhe dá uma configuração diferente, é a nova corrente ID 2 (*Instructional Design 2*), conhecida como a segunda geração no desenvolvimento de projetos instrucionais, ainda uma corpo teórico em construção, passados mais de 20 anos de seu lançamento. O que muda? O deslocamento do projeto, de um viés comportamental, cada vez mais exigido diante da chegada de uma nova geração aos bancos escolares das universidades, para um viés em que o aproveitamento extensivo e intensivo das novas tecnologias interativas é resultado da evolução das tecnologias móveis e das redes sociais.

A primeira geração, apoiada nos **estudos teóricos de Gagné**, somente perde pelo fato de que o contexto educacional na época ainda não tinha a característica de uso intensivo da mediação tecnológica. A teoria ainda é utilizada como suporte, mas adequações são colocadas na visão moderna sob a qual um projeto instrucional é desenvolvido.

Assim, essa segunda geração difere na forma, mas ainda mantém muito do conteúdo da primeira geração, e a estrutura ADDIE é mantida. Há variantes e diferentes taxonomias que não serão utilizadas neste material, o que não invalida os estudos. A manutenção da estrutura original deriva da obtenção de resultados satisfatórios em cursos oferecidos durante a proposta de montagem de protótipos para que fosse possível chegar a um modelo interno, funcional e eficiente na IES na qual os estudos foram desenvolvidos.

O principal destaque na proposta é, então, desenvolver os trabalhos com entrega de um projeto altamente interativo, baseado em ambientes enriquecidos com a tecnologia, efetivação da aprendizagem independente, surgimento e evolução da educação aberta, que apresentam poucas orientações para quem deseja a alternativa de apoiar no planejamento intencional das atividades de ensino e aprendizagem, desenvolvidas com privilégio à elevada flexibilidade na sua forma de desenvolvimento.

Assim, superam-se as limitações da primeira geração de desenvolvimento do projeto instrucional de curso. A inserção de novas descobertas nos campos da **psicologia cognitiva** e das **neurociências** dá um diferencial definitivo entre as abordagens, mas volta-se a insistir que a estruturação é mantida, sem perda de qualidade ou em detrimento a novos modelos possíveis.

O uso extensivo de estratégias educacionais (ideias pedagógicas) é um dos principais elementos diferenciadores. Não há uma proposta convergente. A partir do conteúdo, as opções de sua transmissão são divergentes e apoiadas em uma proposta de personalização das atividades desenvolvidas no ambiente de ensino e aprendizagem.

A partir do que foi dito nos parágrafos anteriores, o desenvolvimento do estudo vai considerar as inovações existentes, mas, para não alterar a forma como ele é visto no mercado, a nomenclatura e fases de desenvolvimento serão mantidas. A diferença está na proposta de integração das inovações na forma de desenvolvimento tradicional.

Serão inseridos dois conceitos que não são nativos na metodologia original: a utilização de objetos de aprendizagem e a construção de rotas de aprendizagem, elementos de uso particular na instituição de ensino na qual o estudo foi desenvolvido. Um maior destaque ao acompanhamento ao aluno, com a consequente diminuição do destaque dado à produção de materiais didáticos, também entra em consideração. A mudança envolve também a diminuição do tempo de desenvolvimento do projeto instrucional, o qual hoje é considerado muito extenso. A inclusão da flexibilidade fecha o conjunto de inovações que a geração ID 2 para desenvolvimento de projetos instrucionais incorpora na visão deste material.

Podem ser apontadas como características do ID 2:

- a utilização de objetos de aprendizagem;
- a capacidade de analisar de forma integrada a orientação recomendada para que cada objeto de aprendizagem seja tido como a construção de uma competência e habilidade específicas;
- o privilégio de integração das **mídias sociais** no processo de ensino e aprendizagem;

- a abertura para flexibilidade e personalização da atividade de ensino e aprendizagem;
- a inserção dos professores em detrimento de engenheiros e tecnólogos, que eram o destaque na primeira geração;
- a utilização mais extensiva da mediação tecnológica;
- a criação do conceito do professor coletivo, um produtor que desenvolve atividades que antes eram apenas reservadas a projetistas de interfaces (determinação de roteiros, trabalho com *storyboard* e outras atividades);
- a orientação cognitiva em vez de privilegiar orientações comportamentalistas, a menos que esta seja uma exigência colocada no PE – Projeto Educacional;
- a orientação dos alunos a desenvolverem modelos mentais que estejam de acordo com as suas características pessoais de aprendizagem.

Glossário

Estudos teóricos de Gagné – Eles determinam as fases de aprendizagem, eventos de instrução e estratégias cognitivas. O autor considera que ela deve ser visível, mas também atender a condições internas. Veja na atividade "Saiba mais" um estudo que vai permitir um maior conhecimento sobre o tema.

Mídias sociais – Para efeito de projeto instrucional, as mídias sociais são todos os espaços nos quais ocorre a interação entre usuários e não apenas as redes sociais, parte significativa mas não única. São os canais pelos quais as pessoas podem dialogar e compartilhar informação.

Neurociências – Neste conceito, são englobados todos os estudos que envolvem o comportamento do cérebro humano.

Psicologia cognitiva – É tida como o campo da psicologia que estuda como o ser humano constrói e estrutura as suas percepções, os seus comportamentos, as suas ações, as suas visões de mundo, todos eles tomados a partir da realidade e das influências do meio no qual o indivíduo está inserido.

Saiba mais

Consulte o tema no lado esquerdo da tabela e acesse o link na parte direita com os créditos. Caso encontre algum link quebrado, envie um e-mail para o autor que ele será reposto.

Tema	Referência de leitura/Link para artigos
Teoria de Gagné	Teoria da aprendizagem e aplicação ao projeto instrucional: Gagné. Disponível em: <http://penta2.ufrgs.br/edu/objetivo/gagne.html>.
Psicologia cognitiva	A atuação do psicólogo na área cognitiva: reflexões e questionamentos. Disponível em: <http://www.scielo.br/scielo.php?script=sci_arttext&pid=S1414-98931989000300008>.
Personalização	O hiperconsumo e a personalização de produtos da moda. Disponível em: <http://www1.sp.senac.br/hotsites/blogs/revistaiara/wp-content/uploads/2015/01/06_IARA_vol3_n1_Artigo.pdf>.

Questões de revisão

1. Analise os problemas que a improvisação pontual pode trazer para a educação.
2. Questione os projetos instrucionais entregues a engenheiros e tecnólogos.
3. Questione a personalização dos ambientes de aprendizagem.

27 PI – PRIMEIRA FASE

A primeira fase a ser desenvolvida é a fase de análise, na qual ainda são permitidos estudos. Mas tudo o mais que envolve um projeto instrucional deve estar claramente estabelecido, principalmente os objetivos do desenvolvimento do estudo, de forma evidente e compreensível para todos os participantes do projeto. A partir daí tem início a primeira fase de desenvolvimento do projeto instrucional: a fase de análise. Há uma ressalva importante a ser feita antes de prosseguir. Se em nível interno todas as questões aqui apresentadas, bem como na descrição de outras etapas, estão colocadas em formulários próprios que envolvem questionários ou pesquisas *surveys* on-line, neste documento todas as questões serão colocadas no formato de questões que podem ser de interesse. Essa proposta é adotada para permitir que cada projetista monte, em sua IES, os formulários que estejam adaptados à realidade individual de cada uma delas. Qualquer padronização neste ponto pode prejudicar a criatividade necessária. Mas depois de criado um modelo particular para cada IES, ele poderá ser utilizado, então, como um padrão interno para todos os cursos sujeitos a um projeto instrucional.

ADDIE – a fase de análise

Esta fase consiste em compreender o problema educacional que foi colocado em estudo e para ele projetar uma solução. O projetista instrucional é colocado sob o desafio de "enxergar" como vai acontecer alguma coisa futura, sobre a qual ele poderá ter inferências, mas que nunca conhecerá em sua integralidade. A ação sobre a incerteza é o primeiro desafio.

Tudo tem início com uma volta ao passado com a consulta do PDI – Plano de Desenvolvimento Institucional, do PPP – Projeto Político Pedagógico do curso, do PC – Plano de Curso e do PE – Projeto Educacional. Neste último, estão as primeiras restrições e orientações mandatárias. Se nele estiver dito que a teoria de aprendizagem de suporte a ser utilizada nos cursos da instituição é o behaviorismo, tudo o que será desenvolvido no projeto instrucional deve obedecer a essa restrição.

Para além das restrições já estudadas e estabelecidas, tem início a fase criativa da equipe de projeto instrucional. O brainstorming transforma-se na ferramenta mais apropriada a ser utilizada nos contatos. A partir daí são colocadas para discussão as necessidades educacionais que devem ser atendidas.

O projeto entra em uma primeira fase de "definição de objetivos". Nessa fase inicial, interessa saber:

△ O que os participantes devem alcançar ao final do programa?
△ Quais são as necessidades dos participantes?
△ O que será requerido em termos de habilidades, inteligência, percepção e ação-reação nos aspectos físicos e psicológicos?
△ O que se espera em termos de resultado de aprendizado nas dimensões conhecimento, habilidades, atitudes, comportamento e outras informações que o projetista considerar necessárias?
△ Quais estratégias instrucionais serão aplicadas e qual a flexibilidade do sistema para aceitar desvios nessa proposta?
△ O que precisa ser revisto em termos de projeto educacional para acompanhar as evoluções tecnológicas presentes no mercado?
△ O que mais precisa ser adicionado, detalhado ou melhorado?
△ Determinar os objetivos-alvo do projeto. Procurar definir um objetivo geral e específicos que contribuam (definir como) para a consecução do objetivo geral.
△ Quais os objetivos instrucionais que são foco do projeto?
△ Há esclarecimentos sobre quais são as diversas possibilidades de aplicação do conhecimento que poderá ser adquirido ao final do curso?

- Está definida de forma clara como será a abordagem didática e pedagógica no ambiente?
- Há aspectos limitantes ao projeto? Existe possibilidade de alteração das restrições gerais impostas a todos os cursos de maneira geral, como estabelece o PE – Projeto Educacional?
- Quais diferentes propostas educacionais estão sendo ofertadas? Elas estão claramente definidas para os alunos?
- Estão claramente definidos os fatores de limitação que podem afetar o projeto e os seus objetivos (analisar aspectos técnicos, de tempo, de recursos humanos, de habilidades técnicas, de recursos financeiros e outros)?

Após essa etapa inicial, tem início uma segunda parte, na qual existe uma dificuldade manifestada por alguns projetistas: o desconhecimento de características do público-alvo. Esse fato leva o projetista instrucional a efetuar suposições e imaginar dois ou três níveis de categorização, que são mais comumente observados em outros cursos já oferecidos pela IES. Na análise do público-alvo, interessa saber:

- Qual é o nível de leitura, interpretação de texto e escrita do público-alvo?
  - Quais são as alternativas que o projeto tem para solucionar problemas nessa área?
- Qual o método preferido de contato com o conteúdo?
  - Como o projeto proporciona flexibilidade no ambiente para essa situação?
- Qual a capacidade cognitiva do público-alvo em relação aos pré-requisitos colocados para o desenvolvimento do projeto?
  - Que soluções de nivelamento estão propostas?
- Há nivelamento para o conhecimento das tecnologias envolvidas no ambiente?
  - Há procedimentos para que, se necessário, o nivelamento possa ser atingido?

△ Quais informações seriam necessárias e consideradas como suficientes para que o público-alvo compreenda todas as orientações para o desenvolvimento de cada atividade prevista?
- Há suporte complementar para os metadados presentes no sistema?

△ Quais informações seriam necessárias e consideradas como suficientes para que o público-alvo compreenda quais as competências e habilidades são exigidas pelo mercado, com relação à área de formação do projeto em questão?
- Há algum tipo de acompanhamento vocacional para atender a essa necessidade?

△ Está previsto nos questionários sociais o levantamento de informações sobre idade, gênero, sexo, localização geográfica, escolaridade, experiências anteriores, temas de interesse, nível cultural, de modo que a IES possa montar relatórios estatísticos que permitam orientar a forma como projetos futuros possam ser desenvolvidos a partir do *big data* criado com essas informações?

△ Quais propostas são necessárias de forma a permitir orientar a personalização no ambiente?

△ Há levantamentos do nível de diversidade cultural e como será proporcionado o respeito a essa característica no projeto?

A caracterização do público-alvo é o que vai permitir que as atividades a serem desenvolvidas estejam de acordo com as características gerais que definem a forma de aprendizagem e as particulares para que se saiba o nível de flexibilidade que deve ser aplicado. Um aspecto importante é saber quais rotinas de preparação dos agentes educacionais devem ser aplicadas para conforto na utilização do ferramental tecnológico a ser empregado.

O projetista instrucional pode também determinar o contexto ou contextos nos quais as atividades vão acontecer, ter claramente definidos eventuais problemas e formas de contornar e, como principal informação, como as atividades de acompanhamento devem ser desenvolvidas.

Recomenda-se que o projetista instrucional utilize uma proposta apoiada nas orientações da metodologia **RBC – raciocínio baseado em casos** e registre em grandes bases de dados o que ele pode obter como cultura própria da IES na qual desenvolve seus trabalhos. Assim, na análise de documentos, conversas com os professores, tutores, alunos e pessoal administrativo e os retornos registrados de cada um deles, o projetista pode compor o conjunto de dados que esta técnica exige.

Todos os dados relacionados nesta primeira etapa e, posteriormente, nas demais podem ser obtidos por meio de entrevistas e outros instrumentos formais de pesquisa, seja em questões abertas ou fechadas e, principalmente, em observações complementares, em que pontos de abertura são colocados para coleta de opiniões pessoais sobre o trabalho desenvolvido.

É importante que seja feito o registro de tudo o que apresenta interesse ou possa vir a interessar para melhoria dos próximos projetos que serão desenvolvidos pelo projetista instrucional. A cada novo projeto desenvolvido, aumentam a expertise e a sensibilidade para que insights possam ocorrer em benefício da produção de um projeto instrucional mais completo e eficaz.

Este capítulo pode ser resumido ao se ressaltar que é importante a proposição de um relatório final, cujo formato é livre e deixado a critério de cada projetista, o qual poderá conter como dados de interesse:

△ necessidades de aprendizagem;
△ caracterização dos alunos;
△ levantamento de restrições;
△ encaminhamento das soluções.

O conjunto de perguntas apresentadas não tem aplicação única. Ele pode ser aplicado com as mesmas questões, eliminando-se questões ou inserindo novas questões a diversas outras situações, o que é a alternativa mais comum.

Glossário

Raciocínio baseado em casos (RBC) – Metodologia utilizada para buscar em experiências anteriores a solução para problemas encontrados no desenvolvimento de alguma atividade. Ele está baseado em séries históricas que registram medidas de sucesso ou insucesso tomadas, quando do enfrentamento de algum problema. Essas informações formam grandes bases de dados, utilizadas com esse propósito.

Saiba mais

Consulte o tema no lado esquerdo da tabela e acesse o link na parte direita com os créditos. Caso encontre algum link quebrado, envie um e-mail para o autor que ele será reposto.

Tema	Referência de leitura/Link para artigos
Raciocínio baseado em casos	Um estudo sobre o raciocínio baseado em casos. Disponível em: <http://www.inf.ufrgs.br/bdi/wp-content/uploads/CBR-TI60.pdf>.
Montagem de questionários	Como fazer um questionário. Disponível em: <http://pt.wikihow.com/Fazer-um-Question%C3%A1rio>.
Montagem de *surveys*	O método de pesquisa *survey*. Disponível em: <http://www.rausp.usp.br/download.asp?file=3503105.pdf>.

Questões de revisão

1. Entre as perguntas colocadas, escolha as três que considera mais importantes, para o contexto de sua IES e dos cursos que ela oferece.
2. Justifique a escolha que foi efetuada anteriormente para cada uma das questões.
3. Em uma primeira análise, procure inferir vantagens e desvantagens contidas na forma como os questionários foram propostos.

28 PI – SEGUNDA FASE

Grosso modo, é possível simplificar essa etapa ao afirmar que é dedicada a identificar como as competências e habilidades definidas na etapa de análise serão implementadas, como transferir ao aluno o que o objetivo principal e os secundários do projeto colocaram como importante. Essa fase então apresenta os desfechos e antevê como o processo de avaliação (a quinta etapa) poderá ser desenvolvido.

ADDIE – a fase de projeto

Neste ponto, o projetista entra em uma fase mais criativa, onde vai analisar o "como fazer" de tudo o que está presente no PE – Projeto Educacional e nos dados que levantou nos questionários e *surveys* aplicados na fase de análise. As "saídas" dessa etapa já dão uma configuração ao que vai ser feito e envolvem:

△ a escolha do **sistema de entrega** do conteúdo necessário para a formação das competências e habilidades previstas;
△ o estabelecimento dos objetivos que foram previstos na fase de análise;
△ o rascunho das primeiras visões sobre o roteiro e de como será a interface gráfica, função que terá lugar durante o desenvolvimento e ao final desta segunda etapa;
△ a definição do **"plano instrucional"** durante a qual o projetista instrucional deve contar com acompanhamento do professor, evitando que uma tarefa essencialmente didática e pedagógica seja entregue a engenheiros e tecnólogos;

△ o início da montagem do processo de avaliação que deve ser diferenciado, a partir de uma situação diagnóstica inicial, com acompanhamento da evolução que o aluno apresenta em um processo de avaliação formativa, não punitiva e que não exige "decoreba" sem compreensão do que o aluno está estudando.

A saída desta etapa é um primeiro rascunho que pode ser analisado junto com a equipe e entregue ao coordenador do curso e aos professores que realmente vão efetivar a proposta, se não foram eles, mas um professor coletivo, que desenvolvem a proposta do projeto instrucional.

Surge a ansiedade pela etapa de implantação. O ideal seria o que não acontece normalmente: o projeto prever um protótipo que pode reunir alguns especialistas na área. Mas ainda não é chegada a hora de ver o resultado de um trabalho que, como você pode observar, é extenso e complexo, ainda que o desafio atual esteja na diminuição do tempo gasto no desenvolvimento do projeto instrucional.

A principal pergunta que tira o sono dos projetistas estará respondida: "Como entregar o programa de formação solicitado?".

Projetistas instrucionais mais experientes fazem a comparação do projeto instrucional com uma proposta de construção de uma casa, ocasião em que dizem: as bases para que a casa seja construída estão estabelecidas. O esqueleto do projeto está pronto e agora basta rechear na fase de desenvolvimento, implantação e avaliação. É o primeiro grande momento de satisfação do projetista instrucional. Ele "antevê" a obra acabada e pode, então, exercitar toda a sua criatividade.

O projetista tem em mãos dados para determinar o método de entrega. Esses dados podem se referir a:

△ cursos desenvolvidos em sala de aula tradicional;
△ atendimento de outras formas de oferta semipresenciais ou não presenciais (distância conectada, *b-learning*, *e-learning*, *m-learning*, *mooc* ou outra modalidade);
△ aprendizagem acompanhada ou autodesenvolvida;

△ escopo de um treinamento ou uma proposta educacional mais ampla é outra determinação a ser efetuada neste ponto.

As checagens tomam seu lugar e uma primeira visão do curso é armazenada com as ferramentas tecnológicas disponíveis na área que foi escolhida como ambiente de efetivação, normalmente um AVA ou alguma localidade na nuvem, com a qual o aluno e os professores interagem de forma intensiva. Essa área pode ser colocada visível ao público externo, o que em algumas situações pode atuar como "**valor agregado**" ao curso.

Aqui são definidos os metadados necessários para esclarecer como cada atividade foi imaginada pelo professor e pelo projetista, com o grau de flexibilidade que a IES ou a situação didática e pedagógica permitir, e já definida. É a fase de produção de manuais, fluxogramas, documentos de procedimentos, instruções de uso via metadados. O projetista e o professor são colocados na berlinda e respondem aos questionamentos do coordenador, professores e tutores.

A etapa é também definida como o momento de desenvolvimento dos objetivos de aprendizagem estabelecidos na primeira fase. O *"how to do"* entra em ação. E nas descrições, o projetista deve colocar orientações que sejam similares ao início de texto seguinte: "o estudante será capaz de... identificar, aprender, utilizar etc." ou qualquer outro verbo de ação que identifica algo que pode ser medido ou observado.

Como é comum, o projeto instrucional é desenvolvido para unidades didáticas e raramente para um projeto completo; a maior parte da documentação sobre o assunto, assim como esta que você tem em suas mãos, trabalha sob essa perspectiva. Assim, esta é a fase de planejamento das unidades de aprendizagem. Se o projeto estiver sendo desenvolvido em nível de curso, existirão tantas replicações quantas forem as unidades. Essa orientação facilita a criação de objetos de aprendizagem e a montagem de unidades didáticas como um conjunto desses objetos. Cada unidade poderá ter, dentro da proposta de flexibilidade, a possibilidade de ser utilizada em diferentes contextos. As unidades passam a atender a um requisito de polimorfismo, desejável sob o ângulo da industrialização no processo de ensino e aprendizagem.

É comum ao projetista iniciar os seus trabalhos ao questionar cada objetivo de acordo com a seguinte linha de pensamento:

△ Eu sei o que é preciso fazer para atingir o objetivo?
△ Eu sei como fazer para atingir o objetivo?
△ Eu sei como avaliar se o objetivo foi ou não atingido?

Ao responder a essas questões, o projetista começa a ter uma visão mais ampla sobre quais atividades podem ser utilizadas, dentro das possíveis no ambiente (veja as duas listas solicitadas nas atividades de "Saiba mais").

Assim, cada objetivo proveniente em um nível macro da etapa de análise acaba sendo transformado em uma nova definição de objetivos, agora instrucionais, estabelecidos de forma específica, mensurável, orientada para ação, além de relevantes e dimensionados para evitar o estresse cognitivo, emocional ou laboral.

Os ambientes centrados no aluno e o desempenho do professor como orientador facilitam o trabalho do projetista instrucional no sentido de que ele não precisa assumir todo o controle do processo no desenvolvimento do projeto instrucional. Determinados os objetivos, o projetista pode orientar para uma atividade independente, ainda que desenvolvida em grupo e com apoio de acompanhamento. Assim, não são necessários planos abrangentes de instrução ou de formatação e cessão de conteúdo. A escolha destes também fica a cargo do aluno, instado a assumir a corresponsabilidade pelo desenvolvimento das atividades de aprendizagem.

Esta é a fase que mais necessita de um documento, que normalmente é denominado "documento de projeto". Novamente, aqui não vamos desenhar esse documento, mas sim apresentar quais os questionamentos que ele deve colocar. A confecção gráfica fica a cargo do projetista instrucional ou do departamento de formatação de materiais instrucionais para uso interno.

Esse documento deve conter:

△ todas as decisões que você, como projetista instrucional, colocou como solução para atingir o objetivo instrucional;

△ as orientações que permitem que ele seja utilizado como um guia;
△ o escopo de cada atividade prevista no ambiente, de modo a facilitar que o aluno ou as equipes mantenham foco sobre o assunto;
△ o projeto de desenvolvimento no tempo, ainda que se respeite o ritmo próprio de aprendizagem. O que está estabelecido no projeto apenas auxilia como um norte orientador, cujo cumprimento está na dependência da forma como cada um desenvolve seu trabalho;
△ o problema claramente definido com as oportunidades, os objetivos, os materiais que podem ser utilizados (sem que eles sejam desenvolvidos), quem está envolvido, qual a saída esperada para a atividade;
△ a forma de administrar e avaliar resultados;
△ os links e orientações de estudo complementar (o "Saiba mais", como você está lendo neste material, desenvolvido também como se fosse um projeto instrucional).

O documento pode estar presente no formato digital ou como um formulário impresso. Independente da forma, ele atende à proposta *big data* e utiliza a abordagem de raciocínio baseado em casos, conforme apresentado no capítulo anterior.

Um exemplo simples pode ser apresentado:

1. Esta atividade está colocada porque...
2. Os participantes devem desenvolver a atividade nos seguintes passos (ler um texto, assistir a um vídeo etc.)...
3. Ela se encaixa no conteúdo do curso para atingir... (apresentar o objetivo);
4. Outras orientações.

O trabalho poderá ser extensivo na dependência do número de atividades. É importante observar o nível de detalhamento que o projeto instrucional orienta, o que dá ao professor, principalmente se ele vier a ser o responsável pelas aulas, um nível de segurança que pode lhe conferir uma situação de liderança natural, apoiada na expertise sobre o assunto.

Apesar da perda da primazia, o desenvolvimento de conteúdo ainda apresenta importância e ele é definido nesta etapa, ainda que possa não ser nela desenvolvido. Esse material poderá incluir:

- um **guia didático**;
- um documento similar ao plano de curso;
- um guia das rotas de aprendizagem (se estiverem previstas no projeto);
- um guia das atividades;
- um guia de formas de participação;
- outros documentos de orientação.

Glossário

Guia didático – Um guia que descreve como o curso será efetivado; apresenta materiais, orienta atividades e estabelece a maneira didaticamente mais correta sobre o desenvolvimento dessas atividades, na visão do projetista instrucional e do professor, que pode ser alterada por características particulares de cada aluno ou grupo no ambiente.

Plano instrucional – Equivale ao plano de curso, porém relacionando os meios tecnológicos e o tipo de acompanhamento que o aluno vai receber em cada etapa.

Sistema de entrega – A forma como o conteúdo será entregue ao aluno.

Valor agregado – É o que se pretende que o conjunto de informações (metadados) ofereça ao aluno, facilitando a sua tarefa de desenvolvimento do estudo independente.

Saiba mais

Consulte o tema no lado esquerdo da tabela e acesse o link na parte direita com os créditos. Caso encontre algum link quebrado, envie um e-mail para o autor que ele será reposto.

Tema	Referência de leitura/Link para artigos
Raciocínio baseado em casos	Um estudo sobre o raciocínio baseado em casos. Disponível em: <http://www.inf.ufrgs.br/bdi/wp-content/uploads/CBR-TI60.pdf>.
Montagem de questionários	Como fazer um questionário. Disponível em: <http://pt.wikihow.com/Fazer-um-Question%C3%A1rio>.
Montagem de *surveys*	O método de pesquisa *survey*. Disponível em: <http://www.rausp.usp.br/download.asp?file=3503105.pdf>.

Questões de revisão

1. Quais as diferenças que você considera existir entre plano de curso e plano instrucional?
2. Analise a afirmativa de que o processo de avaliação em ambientes enriquecidos com a tecnologia, como proposto nos projetos instrucionais, apresenta maior complexidade.
3. Sugira, para alguma função, um conjunto de metadados que oriente o seu desenvolvimento.

29 PI – TERCEIRA FASE

É hora de iniciar a colheita de tudo o que o projetista instrucional e os demais participantes da equipe multidisciplinar imaginaram como solução para a oferta de um projeto de curso eficaz em ambientes enriquecidos com a tecnologia. Os louros ainda não serão colhidos, mas para os participantes da equipe é como se eles estivessem começando a ser distribuídos.

ADDIE – a fase de desenvolvimento

Seguindo a mesma linha de raciocínio adotada nestes capítulos finais, podemos simplificar os trabalhos considerando que esta etapa é o momento de desenvolver e preparar a implantação de cada uma das rotinas estabelecidas.

É a ocasião em que as atividades deixam de ter planejamento e se transformam em **logística**, com busca da melhor forma de desenvolvimento do que foi projetado, de modo que o aluno possa ter o máximo aproveitamento do que para ele foi definido.

A organização da sala de aula tem início, seja no planejamento de atividades presenciais ou da sala de aula eletrônica. Nesse momento, todos os tutoriais devem estar desenvolvidos ou em fase de desenvolvimento. Facilitar a aprendizagem é a palavra de ordem. A grande dificuldade continua sendo o desconhecimento que ainda pode existir sobre os estilos de aprendizagem predominantes no ambiente.

Quanto maior a experiência, não somente do projetista e sua equipe, mas da própria instituição, mais bem concluídos serão os projetos instrucionais, apoiados na utilização do raciocínio baseado em casos e no *big data*, que pode trazer informações que permitam decisões gerenciais e de estratégias mais de acordo com o que a própria IES atinge, em termos de público-alvo.

Destaques que não podem ser esquecidos:

△ os alunos têm diferentes estilos de aprendizagem;
△ os alunos precisam ter facilidade de navegação no contexto projetado para o curso;
△ a atividade de aprender é "social", principalmente se a orientação está apoiada na efetivação dos pressupostos do conectivismo;
△ a motivação constante do aluno é fundamental para que a aprendizagem ativa possa acontecer;
△ o respeito a conhecimentos anteriores facilita a integração do aluno ao ambiente;
△ procurar orientar no sentido do aprender do mais fácil para o mais difícil, até retornar ao nível de complexidade que o conhecimento apresenta. Essa etapa pode ser grandemente facilitada caso seja utilizada a metodologia dos objetos de aprendizagem, com elevada granularidade apresentada por esses elementos, tidos como pequenos pedaços de informação, mas que ainda representam um conhecimento;
△ procurar criar expectativas e, contrariando algumas correntes didáticas e pedagógicas, que o consideram um erro, incentivar o aluno com premiações por cada sucesso obtido no desenvolvimento da atividade de aprendizagem. Esse propósito é mais facilmente atingido quando se utilizam os fundamentos da gamificação;
△ reduzir, se possível a zero, o nível de "ameaça" ou "coerção", o que se torna facilitado com a orientação do aprender pelo erro;
△ mas, ainda que o nível de coerção seja tornado nulo ou próximo disso, o ambiente ainda necessita de regras, que podem ser estabelecidas dentro dos grupos de aprendizagem pelos próprios alunos;
△ dar ao aluno, em todas as ocasiões, a sensação de que "ele está no controle" da atividade de aprendizagem; isso cria expectativas favoráveis ao desenvolvimento da atividade de aprendizagem. Este é um dos fatores

de sucesso da proposta de gamificação e deve ser utilizado durante todo o desenvolvimento do projeto.

Com esses cuidados ao final desta fase, a implantação do projeto poderá ser iniciada, ocasião em que se recomenda (recomendação feita anteriormente) a efetivação de um protótipo a ser avaliado por um grupo de alunos com nível cognitivo similar ao que se assumiu para o público-alvo, o qual foi fator determinante para que muitas das atividades do projeto fossem desenvolvidas da forma como o foram.

O projetista tem em mãos:

- os produtos finais do desenvolvimento de acordo com o "sistema de entrega" escolhido ou previamente determinado;
- os planos de aula eficazes;
- os manuais de participante (do aluno, do tutor, do professor, da avaliação e todos os que forem necessários) com profusão de metadados;
- as mídias escolhidas de acordo com a infraestrutura tecnológica e as ferramentas disponíveis;
- todo o material roteirizado e entregue para as fases seguintes (roteiro, *storyboard* e outros elementos): desenvolvimento da interface e dos materiais digitais.

Filatro (2008) considera que a melhor forma de enxergar o projeto instrucional nesta fase é olhar para ele do ponto de vista do produto final. Não é mais tempo de retornar às origens, mas sim de validar ou alterar procedimentos de acordo com a eficácia demonstrada.

O projeto está praticamente concluído, mas ainda é considerado um pacote em formação enquanto não tiver a sua primeira prova de fogo e for avaliado por aqueles para os quais foi desenvolvido. É importante voltar a destacar que as medidas complementares dependem do sistema de entrega. Por exemplo, se o sistema de entrega é de uma abordagem em sala de aula, você deve ter um plano de aula viável desenvolvido de forma diferenciada de um sistema de entrega desenvolvido na modalidade da aprendizagem eletrônica (*e-learning*).

O projeto sai, então, das pranchetas dos projetistas instrucionais e é entregue para os desenvolvedores das mídias de suporte (PowerPoint, confecção de áudio, vídeo e outras mídias e formatos de apresentação). Para programas cujo sistema de entrega, por exemplo, é a oferta do curso em multimídia, haverá uma profusão de scripts, roteiros, **storyboards**, e a função de *storyteller* (o professor contador de histórias) tem destaque. Não há nessa proposta espaço para o detalhamento de cada mídia, o que é um trabalho rico em detalhes que exigem a proposta de um guia completo.

Em termos de visão de um administrador de empresas, esta é a fase de desenvolvimento de manuais que criam a conscientização para o que vai ser feito, quais as políticas e procedimentos utilizados, amostragem de exemplos, adequação do projeto à vida real do que acontece nas empresas na área de conhecimento do curso e de orientações práticas para solução de problemas. Aqui é preciso um parêntese: o uso da aprendizagem baseada em problemas não é obrigatório, mas grande parte deste material que você tem em mãos foi desenvolvida tendo essa opção como assumida.

Isso se deve ao grande nível de adequação que a abordagem apresenta em ambientes enriquecidos com a tecnologia e para dar ao aluno a sensação de que "está no controle" de seu processo de aprendizagem, como foi destacado anteriormente.

Há também uma orientação para utilização de objetos de aprendizagem, com aplicação da técnica de "dividir para vencer", apresentada em termos práticos na quebra de uma ideia complexa (o curso, a aula, uma atividade) em "pequenos pedaços de informação" que ainda representam um conhecimento, mas que podem ser encarados como independentes do contexto. Esta é a proposta do uso de objetos de aprendizagem, na qual o desenvolvimento do conteúdo deste material se apoia.

O uso de mídias sociais em educação configura a utilização de uma teoria de aprendizagem em construção: o conectivismo. Mas o projeto dá preferência a não direcionar todas as atividades de acordo com essa visão, mas sim adotar a proposta de utilizar ideias pedagógicas, que podem ter aplicação para grupos de alunos específicos ou até para um indivíduo do universo dos participantes de um curso. Aqui o ecletismo entra em foco. Assim, posso ter uma atividade particular desenvolvida com um enfoque behaviorista, sem que o todo esteja apoiado nessa vertente. Uma outra atividade pode ser desenvolvida sob a ótica da aprendizagem significativa, e assim sucessivamente.

Na orientação para a criação de "livros eletrônicos", "diários de bordo" para registro de todas as atividades e outros elementos participantes da proposta de *big data* individual para cada aluno, fica destacado o papel de pesquisador que o aluno deve adquirir, para que se torne um profissional do conhecimento de acordo com o que o mercado espera dele.

O desenvolvimento das simulações é outro aspecto que se mostra como um facilitador para que objetivos sejam atendidos. A **realidade virtual, realidade aumentada** e pinceladas de **inteligência artificial mole** ganham destaque nos projetos instrucionais mais recentes, e sua utilização extensiva é recomendada.

Interagir é preciso e é um lema a ser seguido. A distância transacional deve ser reduzida a zero, se possível. Em nenhum momento o aluno deve estar sujeito ao "**fantasma da solidão**". Mas é necessário que ela seja dosada para evitar qualquer tipo de sobrecarga. A maneira mais comum é estabelecer diversos momentos no projeto instrucional e os colocar como opcionais, ou estipular um número mínimo de participações.

Ainda que retirado, e mais na observação do desenvolvimento do que foi projetado, o projetista não deve se furtar de acompanhar de perto esta fase e, se possível, de participar de todos os testes que vão sendo desenvolvidos à medida que as rotinas e situações ficam prontas e são testadas antes que problemas venham a acontecer.

Para o projetista instrucional, é o momento de definir claramente as regras do jogo no que diz respeito às atividades de acompanhamento. Nesse afã, temos observado que alguns roteiristas deixam para essa fase algumas das possíveis etapas de acompanhamento a serem inseridas no ambiente:

- planos de ação pessoais;
- planos de ação do grupo;
- planos de ações por etapas que ocorrem ao longo da aprendizagem;
- desenvolvimento de pontos de ajuda;
- acompanhamento de questionários e *surveys* para avaliação de etapas;

△ momentos de *coaching* se (como é recomendável) a atividade estiver implantada no ambiente.

Os *scripts* (roteiros) e o *storyboard* (*storytelling*) poderão ou não ser desenvolvidos pelos projetistas instrucionais, o que depende de decisão da IES. No ambiente no qual este estudo foi desenvolvido, essa atividade está a cargo do projetista em nível de desenvolvimento de um rascunho (documento draft), com o refinamento ou detalhamento a cargo dos projetistas da interface e dos materiais em múltiplos meios. Eles podem ser considerados, para que se possa fazer uma comparação com os ambientes tradicionais, como um detalhamento do plano de curso que finalizava o processo.

Os projetistas recebem outro checklist como orientação para que possam desenvolver essas atividades de montagem de roteiro e *storyboard*:

△ Escrita de frases curtas;
△ Repetição para reforçar uma ideia;
△ Divisão ao "máximo possível" da complexidade, com a análise de trechos curtos;
△ A regra de ouro, no caso do item anterior, é que não haja mais que três elementos de informação em cada *script* montado;
△ Foco na mensagem sem dispersão;
△ Recomendação de que o projetista faça pelo menos três rascunhos antes de entregar a proposta e, se possível, submeta os resultados a seus pares em sessões de *brainstorming*, antes de passar o trabalho adiante;
△ Comunicação com seus colaboradores;
△ Utilização de tabelas, gráficos, ou seja, todos os elementos que facilitem (metadados) a compreensão do que você está querendo dizer.

O *storyboard* é um tipo específico de roteiro e nele devem estar contidos de forma complementar:

△ orientações para produção do texto;
△ orientações para gravação dos áudios;
△ gráficos em profusão;

- descrição de todos os pontos de interatividade;
- esboços de efeitos visuais (todos descritos no maior detalhamento possível);
- instruções de desvio.

Observe que tudo o que foi tratado como "criatividade" em etapas anteriores agora é detalhado de maneira formal. É como se tudo estivesse sendo juntado para formar um todo harmônico e compreensível entregue para as etapas de preparação para implantação do curso.

Há um último documento, considerado por alguns projetistas instrucionais como o "livro de cabeceira do projetista" e consultado antes que ele encerre esta etapa e comece a ver o curso em sua fase de implantação (a quarta fase, que veremos imediatamente em seguida), que contém o conjunto de regras de preenchimento dos documentos de transição:

- deixar bastante espaço em branco na página;
- deixar espaço entre blocos de conteúdo;
- deixar espaço entre títulos e texto;
- usar apenas um ou dois tipos de letra;
- justificar a margem esquerda;
- usar cabeçalhos e rodapés com número de página, unidade, curso e números de revisão;
- colocar em destaque o título do curso, aula, etapa e assim sucessivamente;
- usar frases simples;
- certificar-se de que a referência para cada pronome é facilmente compreensível;
- fazer uso de ilustrações em vez de palavras;
- verificar a legibilidade;
- ter uma tabela de conteúdos;
- usar uma nova página à direita para cada grande tópico secundário, chamado a partir de um nível maior;
- numerar as páginas;
- deixar margens amplas;

- usar eu e você;
- usar a voz ativa;
- explicar por que não fazer algo; não basta dizer não faça isso;
- usar frases curtas com dez a 15 palavras;
- fazer parágrafos curtos, com apenas três a quatro sentenças;
- ter cuidado com os estereótipos e lugares-comuns;
- evitar o excesso de repetição;
- evitar utilizar jargão técnico (sem definição);
- evitar utilizar **acrônimos** ou **siglas** (sem explicação).

Quando se utilizam os objetos de aprendizagem, a quebra em níveis de detalhamento sucessivos é importante para, independente de níveis macros já terem sido estabelecidos, ampliar para cada objeto uma nova série de análises parciais que envolvem os tópicos. Aqui o olhar é sobre a prática do projeto instrucional, mas voltada para verificar a aplicabilidade de cada material a ser entregue para o aluno, não importa com qual finalidade. Assim, é importante que cada um desses documentos seja verificado com relação aos seguintes aspectos:

- verificar se os objetivos de aprendizagem são demonstrados;
- estabelecer pontos de controle nos quais seja verificado se os objetivos de aprendizagem são seguidos;
- verificar se os metadados motivam e orientam os alunos;
- verificar se as atividades estão baseadas nos objetivos estabelecidos;
- verificar se a introdução orienta e motiva o aluno;
- pesar se as atividades estão baseadas nos objetivos de aprendizagem;
- verificar se as atividades (que devem ser muitas, mas com o cuidado já ressaltado de evitar sobrecarga) vão conseguir manter o interesse dos formandos;
- verificar se o tempo é adequado para atividades e participação;
- verificar se as atividades têm metadados suficientes para sua compreensão;
- analisar se há lugar e tempo para as práticas propostas, se necessário;
- analisar se as mídias são adequadas à aprendizagem do que foi proposto;

- △ verificar se os resumos (se solicitados) reforçam e unem os objetivos propostos;
- △ verificar se os questionários e *surveys* propostos são evidentes e apropriados;
- △ analisar se as avaliações propostas são adequadas;
- △ verificar se instruções para jogos ou simulações contêm detalhes suficientes;
- △ verificar se há espaço para a personalização e definição sobre como efetivar a proposta.

Agora você pode respirar aliviado. Devem restar poucas horas para que o curso tenha início e a primeira turma ou subsequentes venham desfrutar do esforço de toda uma equipe. Pode parecer que o projetista abandonará o projeto e vai torcer da arquibancada pelo sucesso das estratégias utilizadas, mas não é assim que acontece. Veja no próximo capítulo o que ainda resta ao projetista.

Glossário

Acrônimos – Um acrônimo representa a identificação de uma instituição social por sua abreviatura quando é lida por extenso. Por exemplo, Senac é um acrônimo. Já INPS é uma sigla (veja a definição adiante).

Fantasma da solidão – Condição relatada por diversos alunos, quando, no desenvolvimento de atividades independentes, não recebem o apoio esperado e se entregam a uma situação de desânimo, assim conhecida.

Inteligência artificial mole – Aquela que se apoia em conhecimento especialista e na qual não se espera que a máquina seja capaz de tomar decisões intelectuais, como se prevê na inteligência artificial em sua essência.

Logística – O projeto de uma atividade de acordo com as características do contexto e voltado para obter sucesso. É ela que define os caminhos a serem seguidos.

Realidade aumentada – Utilização combinada de elementos de 3D com situações presenciais, estas aumentadas em seu significado.

Realidade virtual – Utilização de recursos tecnológicos que colocam o aluno em contato com simulações da realidade distante, com uso de aparatos que ampliam a sua capacidade perceptiva e motora.

Siglas – Identificação de uma instituição por suas iniciais com pronúncia separada de cada letra. Por exemplo, INPS é uma sigla porque cada inicial é pronunciada separadamente. Senac é um acrônimo, cuja abreviatura é lida como se fosse uma palavra.

Storyboard – Elemento que contém desenhos e descrições de situações em uma sequência cronológica, em que são mostradas cenas e ações de alguma situação educacional que se quer efetivar no ambiente enriquecido com a tecnologia. São elementos utilizados no desenvolvimento da interface ou do conteúdo em multimídia.

Saiba mais

Consulte o tema no lado esquerdo da tabela e acesse o link na parte direita com os créditos. Caso encontre algum link quebrado, envie um e-mail para o autor que ele será reposto.

Tema	Referência de leitura/Link para artigos
Como roteirizar	Como roteirizar histórias em quadrinhos. Parte 1. Disponível em: <http://cruzadorfantasma.com.br/como-comecar-a-roteirizar-historias-em-quadrinhos-parte-1/>.
Como montar um *storyboard*	Como criar um *storyboard* em 11 passos. Disponível em: <http://pt.wikihow.com/Criar-um-Storyboard>.
Storytelling	Como contar histórias que se vendem sozinhas (*storytelling*). Disponível em: <http://viverdeblog.com/storytelling/>.

Questões de revisão

1. Quais sugestões você considera importantes como orientação para utilizar a voz ativa em documentos entregues aos participantes de curso (procure citar exemplos de pequenos textos)?
2. Questione a influência da experiência do projetista e da instituição de ensino na qualidade na montagem de projetos instrucionais.
3. Questione a importância dada durante todo o documento, para o projetista instrucional conhecer a forma de aprendizagem do aluno.

30 PI – QUARTA FASE

Tudo está pronto e o roteirista, a equipe, os coordenadores de curso, todos estão como César às margens do rio Rubicão (conforme reza a história) ao pronunciar "*Alea Jacta Est*" – A sorte está lançada. Se ainda há coisas que podem ser mudadas, elas o serão em tempo real, como parte da flexibilidade dada ao ambiente. Veja o que se espera do projetista neste momento.

ADDIE – a fase de implantação

A experimentação tem início. Ela pode gerar maior estresse se representa a estreia de um novo curso. Depois da primeira oferta, quando erros já foram corrigidos e o sistema já passou por uma ou mais avaliações, as coisas tendem a atingir uma situação de equilíbrio, e o projeto pode ser considerado como "**autossustentável**". A maior parte das recomendações neste ponto refere-se a um projeto que está na situação de primeira efetivação.

Para o projetista, é a fase de colocar em prática tudo o que ele imaginou que iria acontecer, ou seja, ele está vendo na prática o resultado de sua criatividade. Para alguns mais experientes, esta é a etapa mais fácil. Para os mais novatos, parece ser a fase mais difícil, pelo menos a de maior ansiedade.

O grande problema é quando os frutos esperados de um trabalho não surgem como foi imaginado, situação à qual todo projeto está sujeito.

Em contraposição, ao enxergar alunos animados e as coisas funcionando, o projetista instrucional e sua equipe sentem-se recompensados, alguns mais devido a esse fato do que em virtude de termos financeiros, o que parece acontecer cada vez com mais frequência entre os projetistas instrucionais e, da mesma forma, com pessoas de alta criatividade, não importa em que área desenvolvem os seus trabalhos.

Quando alguma coisa não funciona, entra em ação o desempenho individual que pode "salvar" o projeto, com um registro do que causou problema, para permitir que o raciocínio baseado em casos funcione no redesenho das partes onde problemas foram observados. A partir dessas afirmativas, você pode verificar o acerto da colocação da flexibilidade como uma saída de emergência para o projetista e que deve ser utilizada de forma extensiva.

É na assistência tutorial que muitas coisas são salvas, principalmente quando ela é desenvolvida na modalidade do *coaching* educacional, em que o professor se torna um orientador que acompanha o aluno. Veja, nas considerações seguintes, algumas recomendações complementares.

Como aconteceu na fase anterior, parte da quinta fase, a avaliação, começa a ser montada nesta etapa, outra razão para que o projetista instrucional esteja atento ao que acontece. Há dois sentimentos opostos que devem ser evitados: o entusiasmo excessivo com os primeiros resultados e, por outro lado, o pessimismo, caso eles não estejam de acordo com o previsto.

Há toda uma série de atividades, colocadas no checklist abaixo, que devem ser desenvolvidas, se ainda não estiverem com toda a documentação pronta.

- △ Determinar os tipos de avaliação;
- △ Separar a avaliação de desempenho desta etapa; neste momento somente serão observadas as reações da tecnologia envolvida e das pessoas ao utilizar todo o ferramental disponível;
- △ Relacionar, de modo a manter um histórico, todos os problemas que acontecerem durante essa etapa de implantação;
- △ Dar atenção especial às atividades especiais, laboratórios, simulações complexas e assim por diante (é aqui que há maior possibilidade de falhas);
- △ Analisar o resultado, em termos do valor da informação, de todos os gabaritos (questionários e *surveys*) colocados para que as pessoas opinem ou deem sugestões;

- Colocar a usabilidade como destaque em sua observação. Uma interface mal projetada pode pôr a perder todos os esforços em um projeto;
- Manter os alunos informados de qualquer irregularidade; a transparência, principalmente quando se utilizam as redes sociais, é mandatária;
- Ter cuidado com a existência de links quebrados ou de pontos sem retorno na interface;
- Tornar as rotinas as mais rápidas possíveis em termos de obtenção de informações (não do desenvolvimento, que depende do tempo de resposta do aluno);
- Usar e abusar da flexibilidade e, se necessário, procurar chegar ao extremo de sua criação em locais onde ela não estava prevista, para que o projeto instrucional permita pontos de inflexão e retorno;
- Relacionar todas as ocorrências como questões-chave;
- Questionar: o que você gosta no programa? O que você não gosta no programa? Nunca se esqueça de inserir esse questionamento em diversos momentos do projeto. Mas evite polêmicas e discussões, apenas registre opiniões. Elas somente devem ser pesadas depois da passagem da fase;
- Se puder, orientar os questionários como questões fechadas, para facilitar a montagem de estatísticas;
- Explicar, explicar e explicar. Esta é a regra de ouro. Nunca deixe nenhuma ocorrência sem a devida justificativa; lembre-se de que por trás do curso existe uma rede social atenta;
- Deixar claro como a opinião do grupo será utilizada em cada resultado apresentado;
- Pedir permissão para tudo o que vai fazer no ambiente e só fazer ao obter o consenso dos participantes;
- Evitar divulgar falhas individuais;
- Procurar a dimensão correta da adequabilidade de cada etapa (é algo importante para melhorias futuras);
- Relacionar tudo o que superou as expectativas;
- Registrar sempre (sempre mesmo) o contexto no qual as falhas e sucessos aconteceram;

△ Lembrar-se de que a "surpresa" é algo que não deve acontecer no ambiente;
△ Avaliar todos os participantes, mas nunca divulgue os resultados de avaliações pessoais. Qualquer cobrança é uma atividade individual;
△ Anotar se as informações são as desejadas, menores ou maiores que as desejadas para alteração posterior. Se for possível uma mudança de rota, não hesite.

Cumprindo todas as tarefas previstas, você prepara o ambiente para a etapa de avaliação. Muito do que será exposto no próximo capítulo você já terá visto no capítulo anterior e neste capítulo. Mas é na etapa de avaliação que tudo será dado por encerrado.

Glossário

Autossustentável – O conceito de autossustentável em nosso contexto tem o significado de que o projeto se revele capaz de "andar sozinho" após sua fase de **beta teste** e efetivação da primeira oferta. Depois de bem-sucedido, um programa somente perde essa condição se o contexto externo for alterado de modo significativo, e como um **sistema aberto**, ele está sujeito a mudanças apresentadas no meio ambiente.

Beta teste – Uma situação na qual um sistema é testado com um universo reduzido de agentes educacionais, imbuídos de um elevado senso crítico e que se dispõem a participar de forma aberta e voltados para a colocação de críticas em um sentido construtivo.

Sistema aberto – Um sistema aberto é aquele que sofre de forma direta, e que pode impactar grandemente a funcionalidade do sistema, a interferência do meio ambiente externo. Uma das principais características dos projetos instrucionais é que eles são sistemas abertos.

Saiba mais

Consulte o tema no lado esquerdo da tabela e acesse o link na parte direita com os créditos. Caso encontre algum link quebrado, envie um e-mail para o autor que ele será reposto.

Tema	Referência de leitura/Link para artigos
Técnicas para avaliação de projetos	Teleco: Gestão de TI: Técnicas para avaliação de projetos (processo similar ao utilizado neste estudo). Disponível em: <http://www.teleco.com.br/tutoriais/tutorialprojti2/pagina_2.asp>.
Sistemas abertos	Sistemas abertos. Disponível em: <https://www.portaleducacao.com.br/informatica/artigos/28791/sistemas-abertos>

Questões de revisão

1. Em sua opinião, como o meio ambiente externo pode influenciar um projeto instrucional?
2. Após a leitura deste capítulo, relacione algum aspecto complementar que você considera importante sobre o processo de implantação e que não foi citado no texto.
3. Qual grande crítica pode ser efetuada com relação à ausência de uma atividade beta teste sobre um projeto instrucional de curso?

31 PI – QUINTA FASE

DDIE – a fase de avaliação

Esta etapa é o ápice do projeto instrucional, mas você deve ter observado que muita coisa já foi desenvolvida em etapas anteriores. Este é um processo somativo, no qual você deve solicitar aos participantes o maior nível de colaboração possível, a ser oferecida via oferta de uma avaliação ponderada de diversos aspectos influentes e que podem ter ocasionado algum desvio nos objetivos inicialmente colocados.

O que deve ser questionado:

△ O projeto foi bem-sucedido?
△ Os participantes realmente aprenderam?
△ Houve **agradabilidade** no desenvolvimento do processo?
△ Por que as falhas aconteceram (deixar um registro claro que relacione o motivo, o contexto e o desvio dos resultados esperados)?
△ O que não funcionou? Qual é a medida corretiva mais indicada?
△ Houve correções de rota? Elas funcionaram?
△ Qual é o grau de satisfação dos alunos?
△ O curso foi interessante? Foi envolvente?
△ O que precisa mudar em nível macro?
△ Os objetivos foram atingidos? Totalmente? Parcialmente?
△ Quais os aspectos positivos?
△ Quais os aspectos negativos?
△ O que será preciso fazer da próxima vez?

△ As correções de rota foram eficazes?
△ O que poderia tê-las melhorado?

Todas essas perguntas já foram parcial ou totalmente respondidas. É preciso que o projetista e sua equipe verifiquem se elas foram efetuadas a cada passo, em cada atividade e. Não há uma forma de dar, em uma única resposta, a medida certa de todos os insucessos ou de todos os sucessos. Cada etapa precisa ser avaliada.

A pergunta "por que avaliar?" pode ser respondida de diversas maneiras. No desenvolvimento das diversas avaliações das quais participamos, a resposta mais correta é: porque muito esforço foi despendido; há necessidade de um retorno de capital; a divulgação de resultados negativos em sequência pode colocar a instituição fora do mercado.

Veja como são diversas e diferentes as razões para que se faça uma avaliação cuidadosa e bem-feita. Não interessa saber que houve um erro, mas levantar as formas com que ele pode ser corrigido. O que é somente avaliado ao final do processo pode ter causado desistências, acúmulo de críticas, com resultados desastrosos.

Como etapa final do projeto instrucional, não significa que essa avaliação tenha de ocorrer somente ao término do processo. Ela deverá ser diagnóstica, com o levantamento do que se pretende fazer e das expectativas e, à medida que cada atividade for desenvolvida, os resultados devem ser avaliados em um processo somativo que venha a desembocar em uma avaliação final menos abrangente e na qual muitos dos aspectos já foram relacionados anteriormente.

É importante não transformar a avaliação em um exercício de futilidade. Além disso, é preciso compreender que existem diversas formas e níveis de avaliação e que, em cada uma dessas formas, a melhor opção deve ser utilizada.

Seguindo esse raciocínio, é importante destacar que neste estudo não está sendo proposto um questionário-modelo. As formas de desenvolver o processo, ainda que as expectativas de resultados sejam similares ou as mesmas, são tantas que seria uma temeridade indicar algum modelo como o melhor. Este seria um exercício de soberba do qual é melhor se furtar.

O **ROI** – *return of investment* (retorno de investimento) é um aspecto que não deve ser descurado. O número de Ipes – instituições particulares de ensino superior – supera em muito as federais e estas estão cada vez mais sucateadas pela imperícia do governo em gerir a educação em nosso país. Assim, não se pode mais tratar a educação como uma atividade de benemerência. Projetos instrucionais de curso geralmente têm um custo elevado. Esse custo precisa ser recuperado e não há como fugir da cobrança do capital, por mais que um grande número de educadores considere um erro tratar a educação como um negócio, o que, para as Ipes, é. Assim, a avaliação ganha papel de destaque e não pode ser esquecida.

Avaliar não é atender a suspeitas sobre se o projeto foi ou não bem-sucedido. Ela é o caminho para que as coisas sejam realizadas de forma mais bem-feita e produtiva em uma segunda, terceira ou enésima tentativa.

Assim, uma boa avaliação é necessária. A pergunta que se coloca é então: Qual é a chave para uma boa avaliação? Depois de tantas avaliações e de tantos contextos diferenciados que alguns projetistas encontram, há certos atalhos que podem ser tomados, para que esse processo ofereça ao projetista insumos que permitam que correções sejam efetuadas.

O principal atalho é considerar que um bom processo de avaliação tem seu início na etapa de análise. Ou seja, já quando estiver projetando o curso, o projetista, apoiado em resultados de outros projetos e na prática de alguns professores que acompanham o seu trabalho, pode não saber exatamente o que fazer, mas é possível que saiba o que não deve ser feito.

Esta é uma proposta correta. Nas três demais etapas, essa mesma proposta deve ser desenvolvida. Assim, a quinta e última etapa do projeto instrucional fica praticamente resolvida. Durante todo o desenvolvimento, os questionários, os *surveys*, as correções de rota, se foram corretamente recebidos e efetivados, já deixam o projeto instrucional como algo "previamente avaliado".

O gestor do processo de avaliação, normalmente o coordenador do curso, a quem são dirigidas as queixas, chega ao final esperando apenas dados complementares para que possa fechar o processo como um todo.

É importante observar que nesse momento não se está falando em avaliação de desempenho individual do aluno, mas sim em relação ao comportamento dos agentes educacionais no cumprimento de suas funções, funcionamento de estruturas tecnológicas e acertos das ideias pedagógicas utilizadas, além do grau de satisfação de todos os participantes. As tecnologias utilizadas são outro elemento cuja avaliação é relevante pelo fato de que de sua não funcionalidade pode afetar, e de forma significativa, o aproveitamento de cada um dos alunos.

Como está posto, levantados os números da avaliação de cada índice, a comparação com o que se esperava é o que oferece a real dimensão da avaliação obtida. Ela não acontece em termos de números absolutos, mas mede o grau de satisfação e é comparativa com relação ao que foi colocado como objetivo. Este sempre deve ser o norteador da avaliação que está sendo desenvolvida.

Cada agente educacional (gestores, coordenadores de curso, professores, pessoal administrativo e alunos) deve ser colocado ante um conjunto de perguntas iniciais:

- Por que eu quero avaliar?
- O que eu vou avaliar?
- Quem deve envolver como parte da avaliação?
- Como eu vou fazer a avaliação?
- Quando devo fazer a avaliação?

Se você não pode dar respostas razoáveis para essas cinco perguntas, a sua avaliação do projeto instrucional, das pessoas e da infraestrutura poderá apresentar falhas. Caso se consiga uma resposta positiva, o processo poderá ter seguimento com a certeza de que qualquer resultado será construtivo, dado no sentido de melhorar o que foi efetuado nessa oferta particular.

A avaliação de desempenho do aluno é efetuada em diferentes momentos e não deve ser confundida com a avaliação do projeto instrucional. O processo de avaliação tem plena funcionalidade quando se pretende efetuar uma nova oferta do curso. Ainda para iniciativas isoladas, evitar erros em outras propostas educacionais deve ser tido como proposta.

Esperamos que, com o material que foi produzido a partir deste curso, você possa desenvolver um processo de formação diferenciado como projetista instrucional.

Caso você tenha dúvidas, entre em contato direto com autor no e-mail: antsmun@outlook.com sem esquecer de colocar no assunto a razão do contato.

Desejamos agradecer a tantas pessoas que foram envolvidas, bem como a você, leitor, e esperamos o seu feedback, pois a avaliação deste material também é importante e poderá ajudar outras pessoas no desenvolvimento de projetos instrucionais de elevada qualidade.

Glossário

Agradabilidade – Neologismo que indica que uma determinada tarefa foi desenvolvida pelo aluno e considerada, em seu todo, como agradável. Junto à usabilidade, determina o valor de uma interface gráfica.

ROI – *return of investment* – Rotina que utiliza fórmulas estatísticas e matemáticas para determinar o retorno financeiro feito como investimento em alguma atividade.

Saiba mais

Consulte o tema no lado esquerdo da tabela e acesse o link na parte direita com os créditos. Caso encontre algum link quebrado, envie um e-mail para o autor que ele será reposto.

Tema	Referência de leitura/Link para artigos
ROI – retorno do investimento	Métricas e cálculo de ROI. Disponível em: <http://www.abemd.org.br/pagina.php?id=73>.
Usabilidade	Usabilidade e agradabilidade: experiência do usuário. Disponível em: <http://corais.org/pedagogiadeprojetos/node/491>.

Questões de revisão

1. Como a agradabilidade de uma interface gráfica pode ser determinada?
2. Como a usabilidade de uma interface gráfica pode ser determinada?
3. Qual é sua posição sobre enxergar os estudos ROI como a transformação da educação em um negócio?

32 COLOCANDO TUDO JUNTO

Nos capítulos anteriores, você teve oportunidade de acompanhar ideias pedagógicas, recomendações de procedimentos e uma grande série de orientações, tudo preparado no sentido de que a montagem de um projeto instrucional chegasse a bom termo. A dispersão das conceituações pode levar a uma perda da perspectiva desejada por este material, a de uma visão abrangente e detalhada de diversos fatores que levam em consideração a existência do projeto instrucional como algo imprescindível para as instituições de ensino. Estas ofertam cursos cujo público-alvo é uma nova geração, para a qual novas formas de comportamento e novas formas de comunicação são inadiáveis e sem as quais não se consegue mais manter a motivação e interesse do aluno nas atividades de ensino e aprendizagem.

Por essa razão, vamos colocar tudo o que foi visto, ainda que com outras palavras, em um conjunto de tabelas que devem ser encaradas pelo projetista como um lembrete dos aspectos mais importantes a serem levados em consideração em cada uma das etapas da metodologia ADDIE, utilizada em sua segunda geração.

As etapas não são tratadas de forma sequencial; elas se interpenetram e uma constante atividade de vai e vem é desenvolvida pelo projetista instrucional. Considerar o projeto instrucional como uma progressão rígida é um erro de enfoque. Projetistas instrucionais experientes sabem disso e têm guardado em algum local, não importa em que formato, um conjunto de decisões que, eles já sabem, oferecem pouco risco. As tabelas apresentadas na sequência podem representar um material de uso recomendado para cada projetista instrucional, com a adição de características particulares de cada um.

Etapa	O que faz
ADDIE – análise	É a etapa de definição dos objetivos. O foco é o público-alvo. É importante conhecer e respeitar o nível de habilidades e os conhecimentos anteriores desse público.
Atividades	

1. Levantar condições sociais gerais dos participantes. É uma fase diagnóstica com registro de informações, tais como idade, nacionalidade, escolaridade, experiências anteriores e temas de interesse. Assim fica determinado o público-alvo.
Vem imediatamente após o projetista estabelecer os objetivos de aprendizado e definir atividades de acordo com as características particulares dos participantes.

2. Levantar dados que permitam verificar o que deverá ser alcançado ao final do programa e as reais necessidades dos participantes (questionários e *surveys* são as ferramentas mais indicadas).

3. Procurar deixar registrados os requisitos em termos de habilidades, inteligência, percepção e ação-reação. Inserir nesse levantamento termos físicos, psicológicos e afetivos (os domínios da taxonomia de Bloom). Definir os resultados esperados de aprendizagem nas dimensões conhecimento, habilidades, atitudes e comportamento.

4. Utilizar os métodos popularmente empregados (melhores práticas) ao tratar de um tema, mantendo o foco no que deve ser desenvolvido e melhorado. Revisar estratégias instrucionais já aplicadas, verificando o nível de adequabilidade. Estabelecer, com base nessas informações, o que mais precisa ser adicionado, detalhado ou melhorado no desenvolvimento do projeto instrucional.

5. Divulgar os objetivos-alvo do projeto e quais são os objetivos instrucionais, que são o foco do projeto.

6. Determinar as diversas possibilidades de aplicação. O ambiente de aprendizado pode ou não ser assistido. Mensurar em que nível isso ocorre. O balanceamento deve ser objeto de discussão entre os agentes educacionais. Combinações entre discussões presenciais ou on-line devem ser dosadas. Deve ser levantado o que pesa a favor ou contra as opções da escolha por atividades on-line ou em sala de aula. O tipo de ambiente de aprendizado mais indicado surge como resultado dessas discussões. É preciso não esquecer que, nos ambientes apropriados, é indicado promover uma combinação das opções em sala de aula e tarefas desenvolvidas on-line. A mensuração das diferenças em termos de resultado de aprendizado entre as opções será o que vai dar o tom.

7. Os fatores de limitação que afetam o projeto, provenientes de etapas anteriores ou resultantes da influência do meio ambiente externo, devem ser respeitados. Todos os recursos disponíveis devem estar liberados: técnicos, tempo, recursos humanos, habilidades técnicas, recursos financeiros etc.

ADDIE – projeto	Esta fase determina todos os objetivos e ferramentas a serem utilizados para alcançar o desempenho previsto. A proposição de testes variados sobre os temas a serem tratados deve estar detalhado. Tudo o que foi planejado deve ser utilizado. O foco deve estar na determinação dos pontos de inflexão mais indicados para validar os objetivos da aprendizagem. A escolha definitiva das mídias é determinada nesta etapa.
Atividades	

1. Determinar os diferentes tipos de mídia que serão utilizados. Áudio, vídeo e elementos gráficos são exemplos básicos. Definir o desenvolvimento interno ou o *outsourcing*.
2. Levantar se há necessidades de recursos não disponíveis para completar o projeto.
3. Nesta fase, acontece a escolha ou a oferta de todas as formas de estudo: colaborativas, interativas ou por nível de participação. O sistema de entrega também deve ser atendido em seus pressupostos.
4. Definir o estilo predominante de ensino a ser adotado para cada parte do projeto, independente de poder haver um direcionamento geral (por exemplo, o suporte teórico do conectivismo, que não exclui a utilização do behaviorismo, construtivismo e ideias pedagógicas diferenciadas).
5. Deve ser testado e adequado o tempo estimado para cada atividade. Quanto tempo será designado para cada tarefa e como o aprendizado será implementado (por lição, capítulo, módulo etc.). Os temas serão tratados linearmente (por exemplo, dos mais básicos para os mais avançados).
6. Se possível, deve haver direcionamento das atividades para atender aos diferentes processos mentais demandados dos participantes para que os objetivos do projeto sejam alcançados. As habilidades cognitivas requeridas devem estar estabelecidas de forma clara.
7. É um momento rico para o registro das habilidades e conhecimentos desenvolvidos ao final de cada tarefa. É preciso que maneiras corretas de determinar se tais valores realmente foram adquiridos pelo participante estejam definidas.
8. Para projetos baseados em tecnologias web, é preciso estar atento ao tipo de interface adotado. Roteiros e ideias visuais de disposição de elementos são variáveis a serem testadas para que seja escolhida a melhor opção no contexto geral do projeto.
9. O mecanismo de feedback deve estar preparado para que na quinta etapa a avaliação aconteça como fechamento de um processo formativo. Todos os mecanismos de feedback possíveis devem estar disponibilizados.

10. É o momento de registrar uma média da grande variedade de preferências e estilos de aprendizado dos alunos para uso em outros projetos ou replicação desse mesmo projeto. Isso facilita saber qual método você utilizará para garantir que o programa atenda a todos em contextos similares. O desenho de todas as atividades deve levar em conta sua atratividade e agradabilidade, fatores que engajam e motivam o aluno.

ADDIE – desenvolvimento	É tempo de produção e testes de validação das metodologias escolhidas. Isso permite que, com o tempo, tanto a instituição de ensino como o projetista instrucional se tornem especialistas e tenham a tarefa facilitada. As etapas anteriores exigiram planejamento e *brainstorming*. Esta é a fase de colocar o projeto em curso e anotar todos os resultados obtidos.

Atividades

1. Tempos de desenvolvimento devem estar registrados. Materiais em multimídia devem estar prontos para avaliação.

2. É o momento mais indicado para verificar se a equipe funciona de forma harmônica, como previsto, e se a etapa executiva é desenvolvida da maneira esperada.

3. É preciso levantar a participação de cada um e os fatores de motivação.

4. Ainda que tenha perdido a primazia, a avaliação dos materiais deve ser cuidadosa e representar temas relevantes para a formação do aluno na área de conhecimento que ele escolheu.

ADDIE – implantação	É a fase de obter a eficiência em todas as etapas. A análise terminou, o projeto ficou para trás, no desenvolvimento arestas foram aparadas. Agora é a hora de colher os frutos do trabalho desenvolvido. O correto seria que fosse feito um beta-teste no qual tudo fosse avaliado antes de sair do controle do projetista para o mundo externo. Se isso não ocorrer, um pouco de sorte é necessário, principalmente para questões em que algumas das partes sejam inexperientes ou os contextos sejam muito diferenciados de resultados anteriores. Toda a torcida é pouca.

Atividades

1. É importante registrar tudo e trabalhar no *big data* para manter todos os dados necessários e feedbacks que permitem o reajuste mais correto do projeto.

2. É importante ter o feedback emocional obtido de alunos e especialistas durante a exploração inicial do programa. É preciso valorizar demonstrações genuínas de interesse, críticas ou resistências. Esse retorno é uma etapa importante e que ainda exige participação ativa do projetista.

3. Registrar como os erros detectados estão sendo tratados (é importante ter em mente o raciocínio baseado em casos). Conhecer o que ocorre e que correção será aplicada quando os alunos realizarem as atividades de forma diferente do planejado.

4. Analisar se está acontecendo alguma coisa totalmente diversa do que foi apresentado ou assumido como contexto e o nível de dependência de orientação que isso está exigindo.

ADDIE – avaliação	Tudo o que tinha de acontecer já aconteceu e é por isso que estão sendo colocados em destaque o acompanhamento e a avaliação posta como formativa e não executada apenas com o feedback final. Ele é importante e fecha o ciclo, mas o sistema deve ter tido flexibilidade para mudança de rumos durante a efetivação das atividades.
	É o momento de verificar se os objetivos traçados foram alcançados e se os "custos" disso, tanto em termos financeiros quanto em termos pessoais, são satisfatórios.

Atividades

1. Determinar as categorias em que o projeto pode ser classificado em termos de eficácia da sua proposição de valor (aumentar conhecimentos, melhorar questões motivacionais etc.). E definir rumos futuros que podem alterar fatores ou critérios que foram utilizados para esse projeto.

2. Determinar a maneira como dados serão coletados, forma de armazenamento, obtenção da informação processada e formas de análise dos relatórios gerenciais que estão previstos no ambiente.

3. Buscar orientação nos resultados para direcionar em que bases se definirá a revisão de determinados aspectos do projeto.

4. Determinar a equipe que vai analisar as conclusões finais do projeto e divulgar os resultados, sejam eles quais forem.

Neste ponto, damos por encerrado este estudo e, novamente, colocamo-nos à disposição dos interessados para contato direto com o autor, utilizando o e-mail informado no capítulo anterior.

Referências bibliográficas

ABREU, A. S. *A arte de argumentar*: gerenciando razão e emoção. 8. ed. São Paulo: Ateliê Editorial, 2005.

ANDRADE, A. L. L. *Interfaces gráficas e educação a distância*. On-line. Disponível em: <docplayer.com.br/3298386_interfaces_graficas_e_educacao_a_distancia_antonio_luiz_lardello_andrade.html>. Acesso em: dez. 2015.

_____. *Interfaces gráficas e educação a distância*. In: Nova, C. e Alves, L. Educação e Tecnologia: trilhando caminhos. Salvador: Editora Uneb, 2003.

ARÉTIO, L. G. *Tipos de ambientes en EaD*. Madri: Editorial del Bened, 2007.

ARRUDA, F. A história da interface gráfica. *Tecmundo*, 8 abr. 2011. Disponível em: <http://www.tecmundo.com.br/historia/9528-a-historia-da-interface-grafica.htm>. Acesso em: jun. 2014.

BARBOSA, Rommel Melgaço (Org.). *Ambientes virtuais de aprendizagem*. Porto Alegre: Artmed, 2005.

BATES, A. W. *Technology, e-learning and distance education*. 2. ed. Nova York: Routledge, 2005.

BATES, T. Teaching in a digital age. *BC Open Textbooks*, 2014. Chapter 1. Fundamental change in higher education. Disponível em: <http://opentextbc.ca/teachinginadigitalage/chapter/chapter-1/>. Acesso em: jul. 2014.

BATTRO, A. M.; FISHER, D. W.; LÉNA, P. J. *Educated brain*: essays in neuroeducation. New York: N.Y. Cambridge University Press, 2008.

BELLONI, M. L. *Educação a distância*. Campinas: autores associados, 1999.

BEN-RABI, D. et al. *Second national study of elementary and junior high school practices*. Israel: The Engelberg Center for Children and Youth, 2012.

BERBEL, N. N. Problematization and problem-based learning: different words or different ways? *Interface, Saúde, Educação*, v. 2, n. 2, 1998.

BREADLEY, S.; LUXTON, M. *Neoliberalism*. Montreal: McGill – Queens University Press, 2010.

BUZAN, Toni. *Mind maps at work*. Kindle Edition, 2012.

CHERRY, K. *What is social psychology?* Disponível em: <http://psychology.about.com/od/socialpsychology/f/socialpsych.htm>. Acesso em: jul. 2014. (Sem data de publicação)a.

_____. *Gardner´s theory of multiple intelligences*: What are multiple intelligences? Disponível em: <http://psychology.about.com/od/educationalpsychology/ss/multiple-intell.htm>. Acesso em: jul. 2014. (Sem data de publicação)b.

_____. *What is cognitive psychology?* Disponível em: <http://psychology.about.com/od/cognitivepsychology/f/cogpsych.htm>. Acesso em: jul. 2014. (Sem data de publicação)c.

_____. *What is short-term memory?* Disponível em: <http://psychology.about.com/od/memory/f/short-term-memory.htm>. Acesso em: jul. 2014. (Sem data de publicação)d.

_____. *What is long-term memory?* Disponível em: <http://psychology.about.com/od/memory/f/long-term-memory.htm>. Acesso em: jul. 2014. (Sem data de publicação)e.

CHESNAIS, F. *A finança mundializada*: raízes sociais e políticas, configuração, consequências. São Paulo: Boitempo, 2005.

COSTA JR., H. L. *Tempos digitais*: ensinando e aprendendo com tecnologia. Porto Velho, RO: Edufro – Editora da Universidade Federal de Rondônia, 2013.

CYBIS, W. A.; BETIOL, A. H.; FAUST, R. *Ergonomia e usabilidade*: conhecimentos, métodos e aplicações. São Paulo: Novatec, 2007.

DELORS, Jacques et al. Educação: um tesouro a descobrir. Relatório para a Unesco da Comissão Internacional sobre Educação para o Século XXI. Disponível em: <http://ftp.infoeuropa.eurocid.pt/database/000046001-000047000/000046258.pdf>. Acesso em: 11 nov. 2015.

DEMO, P. *O mais importante da educação importante*. São Paulo: Atlas, 2012.

_____. A escola é importantíssima na lógica do direito à educação básica. In: COSTA, M. *A escola tem futuro?* Rio de Janeiro: DP&A, 2003.

_____. *Educar pela pesquisa*. Campinas: Autores Associados, 1998.

_____. Olhar do educador e novas tecnologias. *B. Téc. Senac: A R. Educ. Prof.*, Rio de Janeiro, v. 37, n. 2, maio/ago. 2011. Disponível em: <http://www.senac.br/BTS/372/artigo2.pdf>. Acesso em: jul. 2014.

DOWNES, S. *Connectivism and connective knowledge*: essays on meaning and learning networks. [S.l.]: Creative Commons License, 2012.

DRON, J.; ANDERSON, T. *Three generations of distance education*. Disponível em: <http://www.irrodl.org/index.php/irrodl/article/view/890/1663>. Acesso em: 17 set. 2015.

DRUCKER, P. *Administrando em tempos de grandes mudanças*. São Paulo: Pioneira, 1999.

DUMMET, P. *How to write critical thinking activities (training course for ELT writers)*. [S.l.]: ELT Teacher 2 Writer, 2013.

ERLANDSON, D. *How to think clearly*: a guide to critical thinking. [S.l.]: Kindle Ebook, 2012.

FAZENDA, I.; GODOY, H. P. *Interdisciplinaridade, pensar, pesquisar e intervir*. São Paulo: Cortez, 2014.

FILATRO, Andrea. *Design instrucional contextualizado*. São Paulo: Senac São Paulo, 2008.

GARDNER, Howard. *Inteligências múltiplas, a teoria na prática*. Porto Alegre: [s.n.], 2000.

GONZÁLES, M. V. *Una pedagogía de la cultura:* la animación sociocultural. Zaragoza: Libros Certeza, 2007.

HINTON, C.; FISCHER, K. W.; GLENNON, C. *Mind, brain and education*: the studies at the Center Series. Disponível em: <http://www.studentsatthecenter.org/sites/scl.dl-dev.com/files/Mind%20Brain%20Education.pdf>. Acesso em: jul. 2014.

HOLMBERG, B. *Theory and practice of distance education* (Routledge Studies in Distance Education). Londres: Routledge, 2015 (E-Book Edition).

HUIZINGA, J. *Homo luddens*: o jogo como elemento da cultura. São Paulo: Perspectiva, 1980.

JONES, P. H. *Introducing neuroeducational research*: neuroscience, education and the brain from contexts to practice. Nova York: Routledge, 2008.

KALLET, M. *Think smarter*: critical thinking to improve problem-solving and decision-making skills. Nova York: Willey, 2014.

KIM, W. C.; MAUBORGNE, R. *A estratégia do oceano azul*: como criar novos mercados e tornar a concorrência irrelevante. Rio de Janeiro: Elsevier, 2005.

KOPP, Sacha; EBBLER, John; RESTAD, Penne. *Flipping your class*: roles and expectations. Disponível em: <http://www.youtube.com/watch?v=Lqc1jV_x83A>. Acesso em: abr. 2014.

LÉVY, P. *A inteligência coletiva*. São Paulo: Edições Loyola, 2007.

_____. *Cibercultura*. São Paulo: Editora 34, 2009.

LITTO, Frédéric M. *Aprendizagem a distância*. Brasília: Imprensa Oficial, 2010.

_____. FORMIGA, M. (Orgs.) *Educação a distância*: o estado da arte. São Paulo: Pearson Education do Brasil, 2009.

MACHADO, G. M. *Psicologia humanista*. Disponível em: <http://www.infoescola.com/psicologia/psicologia-humanista/>. Acesso em: 17 set. 2015. (Sem data de publicação).

McGREAL, R. Integrated distributed learning environments (IDLEs) on the internet: a survey. *Educational Technology Review*, Spring/Summer, n. 9, p. 25-31, 1998.

McLUHAN, M. *Os meios de comunicação*: como extensões do homem. Rio de Janeiro: Cultrix, 1974.

MEDINA, J. *Brain rules (updated and expanded)*: 12 principles for surviving and thriving at work, home and school. 2. ed. Nova York: Pear Press, 2014.

MEYER, B. S. *A arte de argumentar*. São Paulo: Martins Fontes, 2008.

MOORE, M. *A teoria da distância transacional*. On-line. Disponível em: <www.abed.org/revistacientifica/revista_pdf.doc/2002_teoria_distancia_transacional/michael_moore.pdf>. Acesso em: dez. 2015.

MORAN, J. M.; MASETTO, M. T.; BEHRENS, M. A. *Novas tecnologias e mediação pedagógica*. Campinas: Papirus, 2013.

MOREIRA, Marco Antonio. *Teorias da aprendizagem*. São Paulo: EPU, 2011.

MOTA, R.; SCOTT, D. A. *Educando para inovação e aprendizagem independente*. São Paulo: Campus, 2013.

MOURA, V. de F. S. *O que é tecnologia educacional*. Online. Disponível em: <http://encuentro.educared.org/profiles/blogs/o-que-tecnologia-educacional>. Acesso em: jun. 2014 (Data de publicação: 2011).

MUNHOZ, A. S. *A sala de aula invertida*. Curitiba: Clube do Autor, 2015.

_____. *Objetos de aprendizagem*. Curitiba: Intersaberes, 2010.

National Training Laboratories, 1997. In: CIAMPAGNA, J. M. *Metodología*: "Aprender haciendo", aplicado al estudio de los SIG. Disponível em: <http://elprofejose.com/2012/11/30/metodologia-aprender-haciendo-aplicado-al-estudio-de-los-sig-1/>. Acesso em: jul. 2014.

NICOLELIS, M. *Muito além do nosso eu*: a nova neurociência que une cérebro e máquinas e como ela pode mudar as nossas vidas. São Paulo: Companhia das Letras, 2011.

NOVAK, Joseph D. *Learning, creating and using knowledge*. Concept maps as facilitative tools in schools and corporations. 2. ed. Nova York: Routledge, 2010.

ORMANDY, Leslie. *Brainstorming for a topic*. [S.l.]: Kindle Edition, 2012.

PACELLI, Lonnie. *The perfect brainstorming*: getting the most out of brainstorming sessions. [S.l.]: Kindle Edition, 2010.

PALLOFF, R. M.; PRATT, K. *O aluno virtual*. Porto Alegre: Artmed, 2004.

PIOVESANI, L. I. P. Arte-educação: uso de imagens no desenvolvimento do saber. Revista *Conteúdo*, Capivari, v. 3, n. 1, ago./dez. 2012. Disponível em: <http://www.conteudo.org.br/index.php/conteudo/article/viewFile/78/70>. Acesso em: jul. 2014.

PISCURICH, G. M. *Rapid instructional design*. San Francisco, CA: Pfeiffer, 2006.

PRENSKY, Marc. *Digital natives, digital immigrants*. Disponível em: <http://www.marcprensky.com/writing/Prensky%20-%20Digital%20Natives,%20Digital%20Immigrants%20-%20Part1.pdf>. Acesso em: abr. 2014 (Publicação revisada em 2010).

RANDALL, Thomas, C. *The quick and easy guide to mind map*: improve your memory, be more creative, and unleash your mind´s full potential. [S.l.]: Kindle Edition, 2012.

RHODES, John S. *Mind mapping*: how to create mind maps step-by-step. [S.l.]: J. J. Fast Publishing, LCC/Kindle Edition, 2013.

SENGE, M. P. *A quinta disciplina*: arte e prática da organização que aprende. 26. ed. Rio de Janeiro: Best Seller, 2010.

SIEMENS, G. Connectivism: a learning theory for the digital age. *International Journal of Instructional Technology & Distance Learning*. Disponível em: <http://www.itdl.org/Journal/Jan_05/article01.htm>. Acesso em: abr. 2014. (Data de publicação: 2005).

SILVA, S. D. da. *A influência neoliberal na educação*. Rio de Janeiro: Faculdade de Formação de Professores. Disponível em: <http://www.ffp.uerj.br/arquivos/dedu/monografias/SDS.2.2010.pdf>. Acesso em: jul. 2014.

SOUZA, M. A. de. *Alma em Nietzsche*: a concepção do espírito para o filósofo alemão. São Paulo: Leya, 2013.

SUTTON, J., HANS, C. B. and BARNIER, A. J. *Memory and cognition*. On-line. Disponível em: <www.academia.edu/attachments/1752354/download_file?s=regpath>. Acesso em: jun. 2015.

TAYLOR, Michael. *Quicker notes, better memory and improved learning with mind maps*. [S.l.]: Kindle Edition, 2009.

TORRES, R. M. *Comunidades de aprendizagem: a educação em função do desenvolvimento local e da aprendizagem*. On-line. Disponível em: <http://www.fronesis.org/immagem/rmt/documentosrmt/comunidade_de_aprendizagem.pdf>. Acesso em: jun. 2015. (data da publicação 2005)

TRUEBA, H. T.; DELGADO-GAITAN, C. *School and society*: learning content through culture. Nova York: Praeger Publishers, 1988. Disponível em: <http://www.questia.com/read/28641023/school-society-learning-content-through-culture>. Acesso em: jul. 2014.

WALKER, M. *New brain research propelling advances in teaching*. Honolulu Star-Advertiser. 5 set. 2012. Disponível em: <http://www.questia.com/article/1P3-2753117301/new-brain-research-propelling-advances-in-teaching>. Acesso em: jul. 2014.

WENGER, E. C. *Communities of practice*: learning, meaning and identity. Cambridge: Cambridge University Press, 1998.

WERNECK, H. *Se você finge que ensina, eu finjo que aprendo*. Petrópolis/RJ: Vozes, 1992.

WILLEY, D. A. Connecting learning objects to instructional design theory: a definition, a metaphor, and a taxonomy. In: _____. *The instructional use of learning objects*. Utah: Agency for Instructional Technology, 2000.

Impressão e acabamento

psi7 | book7